나의
덴마크 선생님

나의
덴마크 선생님

불안과 우울의 시대에
서로 의지하는 법 배우기

정혜선

민음사

데이비드 프라이와
피터 매니케에게

스승을 찾아
떠난 먼 길

성인이 된 이후에 나는 두 곳의 대안학교에 다녔다. 첫 번째 대안학교는 지리산에 있는 실상사 작은학교다. 중고등학생을 위한 학교인데 나는 서른여섯 살에 영어교사로 입학했다. 교사는 채용되어 근무한다는 게 세상 사람들이 쓰는 표현이지만, 학생들 못지않게 철없는 교사였던 나에게는 입학했다는 말이 어울린다. 또 다른 학교는 덴마크 세계시민학교(International People's College, IPC)다. 이곳에는 서른아홉 살에 진짜 학생으로 입학해서 두 학기를 다녔다.

2021년 작은학교는 개교 20주년을 맞이했고, IPC는 100주년을 맞았다. 이 글은 나를 키워 준 두 학교에 보내는 축하의 인사이자 감사의 편지다. 20세기 초에서 지금까지 덴마크와 한국이라는 다른 시공간에서 학교를 거쳐 간 사람들 덕분에 내가 있다. 두 학교는 매우 다르지만 묘하게 닮았다. 작은학교가 한국의 지리산이라는 장엄한 풍광 안에서 풀 한 포기, 벌레 한 마리 같은 뭇 생명과 어울려 살아가는 법을 배우는 곳이라면, 그 옛날 바이킹들이 배를 타고 출정했던 바닷가 동네에 있는 IPC에서는 지구 위 모든 대륙에서 온 학생들과 만난다. IPC에서는 난민 문제, 소수자 인권, 기후위기가 함께 사는 내 친구의 일이 된다. 나는 두 학교에서 나와 타인, 나와 세계가 분리되어 있지 않다는 것을 배웠다. 우리는 서로 기대고 돌보며 산다. 덴마크를 떠나 한국에 돌아온 지 5년이 된 지금 코로나 팬데믹과 기후위기 앞에서 나를 지탱하는 것은 이러한 배움이다.

2016년 1월 5일 나는 3년간 일한 작은학교를 떠나 덴마크로 향했다. 영어학원 강사로 생계를 이으며 우울증을 겪던 나는 새로운 삶을 찾아 지리산으로 갔다. 지리산은 무너져 내린 나를 일으켜 세워 주었다. 숲속에서 하루하루 소박한 삶을 꾸리는 대안학교로 건너간 것은 큰 전환이었고, 삶의 결을 바꾸어 낸 내가 자랑스러웠다. 그런데 대안학교 생활 3년 차가 되니 교육이 무엇인지, 더군다나 대안교육이 무엇인지 하나도 모르겠다는 느낌이 들었다. 눈앞이 캄캄했다. 그 무렵 동료 교사들과 함께 전성은 전 거창고등학교 교장 선생님을 찾아갔다. 선생님은 이런 말씀을 들려줬다.

"학교가 어려웠던 시절, 뜻을 품고 거창고로 왔던 사람들 중에 3년 만에 떠나는 사람들이 있었어. 3년 만에 자기 한계를 발견하고 떠나. 옆에서 아무리 설득을 해도 소용이 없어. 꼭 3년이야. 그리고 그들은 한 번씩 학교를 찾아와서 그 3년이 자기 인생에서 가장 소중한 시간이었노라고 말하곤 해.”

누군가 나에게 작은학교에서 보낸 3년이 어떤 의미였느냐고 묻는다면 나 역시 비슷한 대답을 할 것 같다. 그때 참 많은 걸 배웠노라고. 나의 가능성과 한계 둘 다를 보았고, 그것은 말로 표현할 수 없이 치열한 과정이었노라고.

고백하자면 그 시절 나는 학생이 부러웠다. 그들은 내가 받아 보지 못한 교육을 받고 있었다. 언젠가부터 마음속에 의문이 생겼다. 학생들을 부러워하는 교사가 학생들 앞에 서 있어도 되는 걸까. 중학생이 교사에게 분노를 발산할 때 ‘왜 나한테 그러는 거야, 나도 억울하다고!’라고 속으로 외치는 사람이 교사를 해도 될까. 학생들이 화를 낼 때 그 화가 나를 향한 것이 아님을 알고 있었다. 학생들의 내면 깊은 곳에서 올라오는 그 무엇이라는 것을 알고 있었다. 그런데도 학생들의 화는 내 안 깊은 곳에 숨어 있던 무언가를 건드렸다. 그러다 보니 학생들 앞에서도 나 자신의 감정 앞에서도 어쩔 줄 모르는 스스로에 대한 자책과 분노가 쌓여 갔다.

어느 날 서울 하자센터에서 열린 행사에 갔다가 IPC 이야기를 들었다. 100년에 가까운 역사를 자랑하는 그 학교는 덴마크의 다른 시민학교와는 달리 수업이 영어로 진행된다고 했다. 홈페이지는 갓 고등학교를 졸업한 듯 피부가 보송보송한 십 대 학생들이 환하게 웃고 있는 사진으로 가득차 있었다. 아무리 들여다보아도 내 또래로 보이는 학생은 없었다. 그래도 나는 망설이지 않고 원서를 냈다.

100년 가까이 그 자리에 굳건히 서 있는 학교라면 힘이 있을 것 같았다. 나는 직접 학생이 되어, 그게 어떤 교육인지 한번 받아 보고 싶었다. 학생이 가장 행복한 나라 중의 하나라는 덴마크에 가서 학생이 되어 보고 싶었다. 나에게는 선생님이 필요했다. 그저 선생님이라고 부를 사람이 필요했다. 그래서 서른아홉이라는 나이에 별빛이 쏟아지는 아름다운 지리산을 뒤로하고 먼 북유럽으로 떠났다. 적지 않은 사람들이 행복이라 불리는 알 수 없는 무언가를 찾아 덴마크로 향하는 시절이었다. 그들 모두는 먼 길을 떠날 수밖에 없었던 자기만의 이야기를 품고 있었을 것이다. 나의 이야기도 그중 하나다.

이 책은 지리산을 떠나 덴마크 IPC에 도착한 시점부터 약 1년 동안의 이야기를 담고 있다. 덴마크 학교 이야기가 주를 이루고, 지리산 이야기가 슬쩍슬쩍 섞여 있다. 지리산 학교에서의 경험 덕분에 덴마크 학교를 더 깊은 감각으로 살아 낼 수 있었다. 나의 배움이 우리 공통의 배움으로 녹아 들었으면 좋겠다.

차례

서문
-
스승을 찾아 떠난
먼 길
7

1
-
잊힌 배움과
잊지 못할 배움
13

2
-
당신의 기대는
공정했나요?
67

3
-
너도 울어 본 적
있니?
99

4
-
다 내려놓고
놀게 되기까지
133

5
-
학생의 실패가
아니다
169

6
-
이제는 제자들이
부럽지 않다
221

7
-
너는 내가 가장
좋아하는 객지
261

후기
307
-
참고 문헌
317

1
–
잊힌 배움과
잊지 못할 배움

적응하기 어려운
새 학교

시차 때문에 잠이 잘 오지 않는다. 뒤척이다 날이 밝아 창밖을 보니 밤사이 눈이 내렸다.

덴마크에 도착한 첫날 초록 잔디 사이에 듬성듬성 섞여 있던 눈이 오늘 아침에는 초록색을 완전히 지워 버렸다. 여기 사람들 말로는 지금이 가장 추운 시기인 데다가 요 며칠 갑작스러운 한파가 닥쳐 보통 겨울보다 추운 날들이 이어지고 있다고 한다. 얼마 전까지 살았던 지리산보다는 덜 춥다. 문제는 흐린 하늘이다. 덴마크에 온 지 사흘째인데 아직까지 한 번도 해를 보지 못했다. 해가 반짝반짝 나는 날이 일 년에 60일이 안 된다고 하니, 언제까지 날씨가 이렇게 흐릴지 알 수가 없다. 흐린 날씨만큼이나 내 마음도 가볍지 않다.

덴마크 세계시민학교에 온 첫날 저녁 전 세계 30여 개
국에서 온 학생 100여 명이 강당에 모여 간단하게 자기소개
를 했다. 거의 대부분 열여덟, 열아홉 살이었다. 나이를 물
어보는 사람은 아무도 없지만, 어쩌면 내가 이번 학기에 제
일 나이 많은 학생일 것 같다. 그럴 거라고 알고 왔는데도,
나도 모르게 위축이 되는 걸 어쩔 수 없다. 유럽에서 온 어
린 학생들의 빠른 영어를 알아듣기도 쉽지 않기에 더욱 그
렇다.

며칠째 빡빡한 오리엔테이션 일정이 주말에도 계속되
고 있다. 학교에서는 학생들이 서로 어색함을 풀고 친해질
수 있도록 함께 몸을 움직이는 공동체 놀이를 진행했다. 모
든 학생이 의무적으로 기숙사 생활을 하는 곳이라 앞으로
살아갈 교내외 공간을 둘러보는 것도 중요한 일정이다. 학
교는 코펜하겐에서 기차로 한 시간쯤 걸리는 셀란섬 북쪽의
조그마한 해안 도시 헬싱외르(Helsingør)에 있다. 걸어가면
20분 걸리는 시내 중심가와 해변 관광지를 선생님들이 함께
산책하며 안내해 주었다. 예닐곱 명씩 그룹을 지어 기숙사
방에 모여 티타임을 갖기도 했다. 차와 간단한 과자, 처음 만
난 사람들이 서로를 알아 갈 수 있는 이야기의 주제를 적은
종이쪽지까지 미리 준비되어 있었다. 다양한 문화권에서 온
학생들이 골고루 섞일 수 있도록 차담을 나누는 그룹을 구

성하는 일에 학교 스태프들은 세심한 정성을 기울였다.

학교에는 크고 작은 강의실 일곱 개와 강당, 체육관, 학교 식당, 기숙사가 통하는 중심 건물이 있다. 건물 지하에는 세탁실, 짐 보관소, 학생들이 요리를 해 먹을 수 있는 부엌, 텔레비전이 있는 방, 자전거 보관소, 중고 물품 가게, 축제나 행사 때 재미있는 옷과 소품을 빌릴 수 있는 의상실, 과하게 화려한 그래피티로 장식된 파티룸이 있다. 한번 내려가면 미로 같은 지하에서 길을 잃을 것만 같다. 이 모든 공간의 중심에 커먼룸이 있다. 커다란 통유리창과 벽난로를 갖춘 학생과 교직원 모두의 거실이다. 새로운 100명이 함께 살아갈 커다란 집의 중심인 커먼룸에는 신기하게도 강의실, 식당, 기숙사, 지하실과 모두 연결되는 통로가 있다. 하루 세 번 밥을 먹기 위해서는 커먼룸을 통과해야 하고, 그러다 보니 식사 전후에 삼삼오오 모여 앉아 이야기를 나누게된다. 이 학교는 함께 밥 먹고 살아가기 위해 디자인된 공간이구나 싶다.

저녁 시간까지 빡빡하게 준비된 오리엔테이션 일정이 끝나고 밤이 오면 지하 파티룸에서 또 다른 세계가 펼쳐진다. 새벽까지 음악소리가 끊이지 않는데, 엄청나게 술을 마신다고들 한다. 공식 일정만으로도 지쳐 떨어지는 나는 십대들로 가득한 파티룸 근처에도 가 볼 엄두가 안 난다. 그곳은 내가 알 수 없는 세계다. 파티룸을 드나드는 사람들은 내가 모르는 학교의 얼굴을 경험하고 있음이 분명하다. 나는 술을 마시고 춤을 추는 파티에 아무런 흥미를 느끼지 못하지만, 거기에 낄 수 없어서 묘한 박탈감과 위축감이 든다는 사실 또한 분명하다.

떠나온 지리산과 작은학교가 자꾸 떠오른다. 교장 선생님과 학생들이 다 함께 모여 노래를 부를 때가 그렇다. 학교에서는 전체 모임을 노래로 시작하곤 한다. 매일 아침 모임을 하는 강당에는 170여 년 전 덴마크에 시민학교를 처음으로 세운 니콜라이 그룬트비가 작사한 초록색 덴마크어 노래책이 있다. 안타깝게도 우리는 덴마크어 노래를 못 부르지만, 가수이자 배우 출신인 소렌 교장 선생님의 건반 반주에 맞추어 영어 노래를 부른다.

한번은 소렌 선생님이 콜드플레이의 노래 「픽스 유(Fix you)」의 전주를 연주하자 유럽 학생들 사이에서 환호가 터져 나왔다. 그들은 큰 목소리로 노래를 따라 불렀다. 최선을 다했는데 이루어 내지 못했을 때…… 노래의 선율을 타고 나는 지리산 속 교실로 돌아갔다. 봄이 되면 창밖으로 분홍색 진달래가 피어나는 게 보이던 교실. 「픽스 유」는 나도 영어 수업 시간에 학생들과 함께 부르던 노래다. 학생들은 이 노래를 무척 좋아했다. 학기말 발표회 때 자기들끼리 밴드를 구성해 이 노래를 무대에 올리기도 했다. 지금은 학교를 졸업한 그 아이들이 이곳에 함께 있다면 얼마나 좋아할까. 나는 가만히 노래를 따라 불러 보았다. 빛이 너를 집으로 인도할 거야…….

담임 선생님이 생겼다

서른아홉 살의 내게 담임 선생님이 생겼다. 지리산에서 담임 교사를 그만둔 지 11일 만의 일이다.

나의 담임 선생님 이름은 앙헬. 스페인 출신으로 오십 대 후반쯤 되어 보이는 어르신이다. 몇 년 전 덴마크에 정착하기까지 유엔에서 20년 넘게 일하며 전 세계를 돌아다녔고 젊었을 때는 프랑코 독재 정권하의 스페인에서 민주화 운동에 가담하기도 했다. 앙헬 선생님이 담임을 맡은 학생은 나 포함 열두 명. 우리는 '앙헬스 그룹'이라 불리며, 매주 돌아오는 구역별 청소와 설거지 당번을 함께한다. 100여 명의 전교생들은 이렇게 여덟 개의 콘택트 그룹으로 나뉘었다. 나이와 성별, 국적과 출신 대륙 및 문화권을 최대한 다양하게 섞으려고 고심한 흔적이 보인다. 나는 우리 그룹에서 가장 연장자인데, 나 다음으로 나이가 많은 학생과 차이가 열 살 이상이다.

　우리는 선생님을 앙헬이라고 부른다. 교장 선생님을 부를 때도 다른 호칭을 붙이지 않고 소렌이라고 한다. 소렌에게도 콘택트 그룹이 있다. 교장이라고 해서 대하기가 특별히 더 어렵게 느껴지지 않는다. 학교 생활에 어려움이 있으면 찾아가 이야기할 수 있는 사람으로, 행사가 있을 때면 소렌은 앞장서서 의자와 테이블을 나르고 잔디밭에 있는 국기대에 손수 덴마크 국기를 단다. 식당에서는 시설 관리를 담당하는 직원들과 한자리에 어울려 밥을 먹는다. 덴마크에서는 자연스러운 일인가 본데, 아시아에서 온 학생들에게 교장 선생님의 이런 모습은 파격 그 자체다.

　담임 선생님인 앙헬과 그의 콘택트 그룹 학생들인 우리가 처음으로 함께한 일은 식당의 같은 테이블에 모여 앉아 밥을 먹고, 수강 신청을 한 것이다. 학생들은 선생님들이 개설한 수업을 자유롭게 고를 수 있다. 시험은 없다. 단 의무적으로 최소 주 28시간의 수업을 들어야 한다. 학생들은 수업 외에도 매일 열리는 전체 아침 모임, 콘택트 그룹끼리 하는 청소, 설거지, 나들이, 이야기 모임 등에 참여해야 한다. 이는 덴마크에 있는 69개의 시민학교 어디를 가도 공통으로 경험하는 활동이다.

　내가 다니는 IPC와 같은 시민학교를 덴마크에서는 폴

케호이스콜레(folkehøjskole)라고 한다.[*] 줄여서 호이스콜레(højskole)라고 부르는 경우가 많다. 영어를 쓰는 IPC에서는 '포크 하이 스쿨(folk high school)'이라고 번역해서 부른다. 평범한 사람, 민중이 누구나 갈 수 있는 교육기관이라는 의미를 담고 있다. 하이 스쿨이라고 번역된대서 고등학교는 아니다. 이곳에는 주로 고등학교를 졸업한 청년들이 대학에 가거나 본격적인 직업을 갖기 전에 온다. 이들은 스스로의 선택으로 긴 여행이나 자원봉사를 하며 1~2년간의 갭 이어(gap year)를 보내는 중이다.

호이스콜레 교육과정은 4~6개월 정도의 한 학기를 기본으로 한다. 보통 1월에 봄 학기가, 8월에 가을 학기가 시작된다. 대부분의 학생들은 한 학기를 다닌다. 드물게 두 학기를 다니는 경우도 있는데 학교의 허락이 필요하다. 여름에는 짧게 2~3주간의 프로그램을 운영하는 학교도 있다. 학생들은 모두 기숙사 생활을 해야 한다. 함께 어울려 살아가는 경험이 호이스콜레 배움의 핵심이기 때문이다. 교장 선생님을 비롯한 교사들도 학교 사택에 거주하는 경우가 적

[*] 송순재·고병헌·카를 K. 에기디우스 함께 엮음, 『덴마크 자유교육』(민들레, 2010)에서는 폴케호이스콜레를 '시민대학'으로 번역한다. 내가 '시민학교'라는 번역어를 선택한 이유는 '대학'보다 '학교'가 호이스콜레에서의 경험을 설명하기에 더 적절하고 포괄적인 용어라고 생각해서다.

지 않다. 소렌 역시 학교 안 사택에 사는데, 저녁 무렵이면 부엌 창문을 통해 그가 가족을 위해 저녁을 준비하는 모습이 보이곤 한다.

19세기 중반부터 덴마크에 세워지기 시작한 호이스콜레는 그 당시 덴마크 민중의 대부분을 차지했던 농민을 위한 학교로 출발했다. 초기 호이스콜레의 사상적 기초를 제공한 덴마크의 시인이자 신학자, 정치가, 역사가, 철학자, 교육자 그룬트비는 교육받을 기회가 흔치 않았던 덴마크 농촌 청년들이 사람 대접을 받으며 자기 자신과 세상에 대해 배우기 바랐다. 그리하여 왕정이 끝나고 막 태동하고 있던 민주주의 사회 체제에서 농촌 민중이 도시 엘리트 계층과 나란히 시민적 주체로 참여할 수 있기를 바랐다. 이런 역사를 가진 호이스콜레는 오늘날에도 누구나 갈 수 있는 대중 교육 기관이다. 만 17.5세가 넘은 사람이라면 특별한 선발 과정을 거치지 않고 입학할 수 있다. 덴마크에서는 누구나 다 호이스콜레를 알고 있다. 어느 정도 정보력을 갖춘 부모의 자녀가 갈 수 있는 한국의 대안학교와 다른 점이다. 내가 만난 덴마크 친구들은 고등학교를 졸업하고 트럭 운전을 하다가, 공항 청소를 하다가, 바텐더를 하다가 이곳에 왔다. 이들에게 호이스콜레를 추천해 준 사람은 젊은 시절 호이스콜레를 다녀 본 어머니와 아버지, 할머니와 할아버지다.

덴마크 호이스콜레는 누구에게나 열려 있지만 대부분
의 학교에서는 덴마크어를 쓴다. 외국인 입학생을 받는 경
우에는 외국인 정원에 제한을 둔다. 이곳 IPC는 예외다. '행
동하는 세계시민의 양성'을 교육 목표로 삼는 IPC에는 덴마
크 학생보다 외국 학생이 훨씬 많다. 어떤 학기에는 100명
중 덴마크 학생이 세 명이었던 적도 있다고 한다. 덴마크 호
이스콜레 연합회에서 운영하는 인터넷 사이트에는 덴마크
전 지역에 있는 69개의 학교 리스트가 있다. 이 리스트에 연
결된 각 학교 홈페이지를 하나하나씩 클릭해 보면 영어로
수업하는 다른 학교도 찾을 수 있다. 한국에 호이스콜레가
꽤 알려지면서 요즘은 IPC가 아닌 다른 학교를 찾는 한국
인의 숫자도 늘어나고 있다. 그런데 우리보다 몇십 년 앞서
이 길을 개척한 사람들이 있다. 일본인들은 IPC처럼 영어
를 쓰는 학교는 물론이고 덴마크어를 쓰는 학교에도 과감히
들어갔다. 내가 속한 앙헬스 그룹에도 무려 세 명의 일본 학
생이 있다.

컴퓨터실에 모여서 수강 신청을 할 때 앙헬은 나의 수
강 신청 초안을 들여다보더니 말했다.

"너 사우스 코리아에서 왔지? 사우스 코리아에서 온
사람들은 정말 열심히 살더구나. 뭐든지 잘하려고 하고 기
대만큼 못해 내면 스트레스도 많이 받지. 이것 좀 봐. 이렇

게 어려운 과목을 빡빡하게 배치해 놓으면 인생을 즐길 시간이 없잖아. 좀 편안한 수업도 섞어 넣으면서 시간표를 여유 있게 짜 봐. 너 자신을 위한 시간을 쓰는 거야."

학교에 도착한 이래로 나는 이곳에서 무언가 대단한 지혜를 배워 가야 한다는 압박을 느끼고 있다. 누구도 내게 그런 압박을 주지 않았는데 말이다. 내 시간표는 가장 어렵다는 수업을 포함한 학술적인 과목들로 빡빡하게 짜여 있었다. 어차피 말도 잘 안 통하고 젊은 친구들이랑 어울리기도 쉽지 않으니 공부나 푸지게 하자는 심정으로.

유럽에서 온 친구들은 밤이 되면 술 마시고 춤을 추는 파티를 계속하는데 나는 거기에 흥미를 느끼지 못한다. 한국 대안학교에서 연일 이어지는 회의와 함께 매일매일 치열한 일상을 살다 온 나는 평생 경험해 보지 못한 안정감과 평화로움 속에서 이상하게 무력감을 느낀다. 나는 세상의 짐을 다 짊어진 것만 같은 무거움에 익숙하다. 덴마크 사람들은 북유럽 신화에서 순박하고 정의로운 농업의 신 토르를 가장 사랑한다는데, 나는 모자를 깊이 눌러 쓴 채 근심 어린 표정으로 세계를 내려다보는 오딘에게 끌린다. 북유럽 신화 최고의 신으로 꼽히는 전쟁과 지혜의 신 오딘은 혼란한 세상을 다스릴 지혜를 얻기 위해 자신의 눈 한쪽을 떼어 지혜의 샘에 재물로 바쳤다. 스스로 옆구리에 창을 찌른 채 세계

나무 위 그드라실에 꼬박 아홉 날을 매달려 아득한 심연을 내려다보았다. 그곳에서 삶과 죽음을 넘나들며 다가올 미래에 대한 통찰력을 얻었다고 한다.

고민 끝에 나는 앙헬 선생님의 충고를 받아들였다. 그가 맞다는 판단이 들었다. 어쩌면 내가 배워 가야 할 지혜란 삶을 즐기는 법일지도 모른다.

처음 해가 난 날

해가 났다. 도착 일주일 만이다. 드디어 파란 하늘을 본 것이다. 모두들 쉬는 시간에 밖으로 뛰어나가 신나게 사진을 찍어 댔다. 햇볕이 이토록 귀한 것이었다니. 덴마크 사람들 얼굴이 그렇게 하얀 이유를 알 것 같다. 한편으로는 앞으로 이렇게 많은 흐린 날을 견딜 생각에 걱정이 된다.

학교 마당에 쏟아져 내리는 겨울 햇살과 함께 오늘부터 본격적인 수업이 시작되었다. 담임 선생님 앙헬의 제안으로 나는 수업 시수를 줄였지만, 그래도 제일 어렵다는 프로젝트 개발과 연습 수업은 포기하지 않았다. 이 수업이라도 듣지 않는다면 무언가 텅 빈 듯한 느낌을 견딜 수 없을 것 같다. 사회 문제를 발견하고 분석하며 풀어 나가기 위한 프로젝트를 만들어 보는 수업으로, 거트루드 선생님이 담당한다.

학교에 도착한 첫날 저녁 이름표를 달고 모인 자리에서 나는 거트루드 선생님의 이름을 보고 "어머나, 햄릿의 어머니와 이름이 같으시네요!"라고 했다. 선생님은 만면에 미소를 띠며 셰익스피어 작품 속 덴마크 왕비와 같은 자신의 이름을 자랑스러워했다. 그런데 거트루드라는 이름은 오늘날 덴마크에서 그리 세련된 이름은 아니라고, 나이 든 여성들에게서 간혹 만나는 이름이라고 한다. 400년도 더 지난 희곡 속 인물의 이름을 실제로 쓰는 사람이 있다는 게 신기하다.

학교가 위치한 도시 헬싱외르는 특별하게도 영어식 이름이 있다. 바로 셰익스피어의 「햄릿」에 등장하는 엘시노어(Elsinore)다. 「햄릿」의 배경이 된 크론보르 성은 학교에서 30분 걸으면 닿는 바닷가에 바람을 맞으며 당당하게 서 있다. 셰익스피어가 「베니스의 상인」이나 「로미오와 줄리엣」을 이탈리아에 가 보고 쓴 것이 아니었듯이, 헬싱외르에도 와 본 적은 없을 것이다. 헬싱외르는 바다 건너편 스웨덴 도시 헬싱보리와 사이에 외레순 해협을 끼고 있다. 400여 년 전 외레순 해협을 내려다보는 크론보르 성에는 이곳을 통과하는 무역선들에게 높은 세금을 거두어들이는 것으로 악명 높았던 왕 프레데릭 2세가 살았다. 그는 연극을 무척 좋아해서 유럽 전 지역의 배우들을 궁전으로 초대해서 공연을 즐기곤 했다는데, 셰익스피어는 아마도 그곳에 다녀온 배우 친구들로부터 이야기를 듣고 상상력을 발휘해서 「햄릿」을 썼으리라는 것이 지역 사람들의 설명이다. 덕분에 수백 년이 흘러도 생명력을 잃지 않는 위대한 명작의 무대가 된 헬싱외르에는 해마다 여름이면 셰익스피어 페스티벌이 열린다.

IPC에서 15년째 일하고 있는 거트루드 선생님은 머지 않아 예순을 바라보는 나이다. 선생님은 젊은 시절 유엔 산하 기관에서 일했는데, 케냐와 스리랑카에서 빈곤 지역 주거 환경 개선 프로젝트에 참여했다. 수업 시간에 선생님이 일한 경험을 듣기란 무척 흥미롭다. 프로젝트 개발과 연습 수업은 행동하는 세계시민을 키워 내는 것이 목표인 IPC의 주요 교과목인지라 주당 6시간이 배정되어 있다.

첫 수업 시간에는 서너 학생이 조를 이루어 '지속 가능한 발전이란 무엇인가'라는 주제로 토론을 했다. 이 수업을 선택한 유일한 아시아인이자 반에서 가장 나이가 많고 영어에 서투른 나는 유럽 학생 사이에 섞여서 잔뜩 긴장한 채 아무 말도 하지 못했다. 한국에서 영문학을 공부했고 영어를 가르쳤지만, 외국 학교에서 공부하는 게 처음이라 유럽 학생들과 토론하기가 힘에 부쳤다. 선생님이 하는 말은 온 몸과 마음으로 집중하면 알아듣겠는데, 학생들 말은 속도가 빠르고 억양도 가지각색이어서 따라가기가 힘들다. 수업이 끝날 무렵이면 진이 빠져서 몸이 흐늘거릴 지경이다. 하지만 내 제자 또래 속에 섞여서 수업 진행을 구경하는 것이 흥미롭다. 아하, 다들 이렇게 교육받고 자랐구나. 선생님은 이럴 때 이렇게 응답하는구나. 이처럼 활발하게 의견이 오가는 수업을 들을 수 있다는 게 신나고 감격스럽다.

학생들은 이번 학기의 연구 주제로 덴마크의 난민 문제와 성차별 문제, 브라질 빈민가 여성 청소년들을 위한 프로젝트, 캘리포니아의 가뭄 해결 방안 등을 제안했다. 유럽 각국 정부들이 파리 협정*에 근거해 기후변화 정책을 수립할 수 있도록 시민사회가 압박할 방법을 탐구하겠다는 학생도 있다. 벨기에서 고등학교를 졸업하고 온 영국계 학생 서배스천의 의견이다. 모둠 토론 때 무척 빠르고 열정적으로 말을 쏟아 놓아 주눅 들게 한 친구로, 이야기 내용이 낯설어서 더욱 알아듣기 어려웠다. 그런 것도 있구나, 이 친구들은 이런 것에 관심이 있구나, 하고 받아들일 뿐이다.

나도 용기를 내서 프로젝트 주제를 발표했다. 보아하니

---

* 파리 협정(Paris Agreement)은 2015년 11월 30일에서 12월 12일까지 프랑스 파리에서 열린 유엔 기후변화협약 당사국총회(COP21)에서 채택된 조약이다. 전 세계 196개국에서 온 대표단은 지구 평균 온도 상승 폭을 산업화 이전 대비 2도 이내의 '상당히 낮은 수준'으로 유지하며, 여기서 더 나아가 1.5도 이내로 제한하기 위해 함께 노력할 것을 합의했다.

다른 친구들이 낸 주제에 팀원으로 합류하면 고생할 게 뻔했다. 내가 가장 잘할 수 있는 내 프로젝트를 해야 이 수업을 무사히 완수할 수 있을 것이다. 잔뜩 긴장한 와중에도 그런 계산이 돌아갔다. 나는 한국에 성인을 위한 대안 인생학교를 만드는 프로젝트를 제안했다.

누가 아픈 사람을
돌보나요?

오전 10시에 1교시가 끝나면 전교생과 선생님들이 강당에 모여서 아침 모임을 한다. 수요일만 예외로 저녁에 전체 모임을 한다. 수요일은 수업에 따라서 오전 시간을 통째로 견학이나 야외 활동에 쓴다.

아침 모임 시간은 항상 노래로 시작한다. 담당 선생님이 강당 앞 스크린에 영어 노래 가사를 띄우면 교장 선생님의 건반 반주에 맞추어 함께 노래를 부른다. 노래가 끝나면 매뉴얼에 따라 매일 같은 질문을 한다.

"이번 주 당번 선생님이 누구인가요?"

그러면 당번을 맡은 선생님이 손을 들고 대답한다.

"저예요."

당번 선생님은 기숙학교인 이곳에서 일과 시간 이후에

긴급한 일이 생겼을 때 연락할 수 있는 사람으로, 전용 휴대폰을 한 주 동안 지니고 다닌다. 당번 학생도 확인하는데, 학생들이 뽑은 학생회 임원들이 돌아가면서 일주일씩 맡는다. 각 대륙별로 한두 명씩 모여 구성된 학생회는 자치적으로 행사를 기획하고 학생들의 고민을 교사회에 전달하기도 한다. 학생회장 같은 감투는 없다.

다음으로 중요한 질문은 어느 콘택트 그룹이 오늘 설거지를 담당하는가다. 내일 설거지를 맡은 그룹도 바로 이어서 확인한다. 설거지 일정표는 콘택트 그룹이 정해진 후 짜였다. 며칠간은 자원을 받았는데 지난 학기에 이어 두 학기째 학교를 다니는 학생들이 주로 손을 들었다. 학생과 교직원이 사용한 흰색 접시와 수저, 그릇을 정리해 모아 설거지 기계에 차례차례 넣고, 세척이 끝나면 깨끗한 행주로 물기를 닦아 다시 정리하는 설거지 당번을 맡은 콘택트 그룹은 평소보다 식사를 일찍 마치고 앞치마와 장갑을 착용한 후 작업을 시작한다. 저녁 식사 설거지를 마치고 난 후에는 바닥 물청소까지 한다.

또 다른 중요한 질문은 오늘 아픈 사람이 없는지 알아보는 것이다. 학생들은 아픈 친구의 이름을 말하고, 드물게 자기가 아픈 경우에는 '저요.' 하고 힘없이 손을 든다. 그러면 다음 질문이 이어진다.

"누가 아픈 사람을 돌봐 주나요?"

같은 방을 쓰는 친구나 콘택트 그룹원 또는 평소 친한 친구가 손을 들어 자신이 아픈 친구를 돌보고 있음을 알린다. 그러고 나면 본격적인 아침 모임 프로그램이 시작된다. 선생님 또는 학생들이 발표하거나 외부 인사를 초청해 특강을 듣기도 한다. 아침 모임은 프로그램에 따라 30~40분 정도 진행된다. 모임이 끝나면 오늘 일정을 확인하고 공지 사항을 나눈다.

덴마크 호이스콜레의 아침 모임은 한국 대안학교의 아침 모임과 다르지 않다. 약 한 세대 전 한국에서 대안학교 운동이 시작되었을 때 세계 여러 나라의 사례에서 영감을 받았고, 덴마크도 그중 하나였다. 이렇게 함께 모여 노래하고 서로의 안부를 확인하는 것으로 하루를 여는 것은 여러 선주민 문화에서 발견되는 인류 공통의 의식이다.

작은학교에서는 학생들과 함께 모이는 아침 모임 이전에 교사들이 먼저 교무실에 모여 짧은 회의를 했다. 노래나 명상으로 시작했던 적도 있다. 선생님들이 아침에 모여 가장 먼저 나눈 이야기는 기숙사 학생들 중 오늘 아침을 안 먹은 사람이 있는가였다. 누가 무슨 이유로 아침을 안 먹었는지, 또 아픈 사람이 없는지를 챙겼다. 처음 아침 회의에 참여했던 날 "누구누구가 오늘 아침 안 먹었어요."라고 말하던 선생님의 목소리가 아직도 기억난다.

방과 후 산책

문득 보고 싶은 사람이 있다. 지리산에서 같은 동네에 살던 아기다. 작은학교 선생님의 딸인데 학교 근처 숲속의 작은 집에 살았다. 내가 떠날 무렵에는 제법 잘 걷게 되어 거의 매일 엄마 손을 잡고 학교에 와서 중학생 언니 오빠 들과 놀 았다. 그 녀석이 이렇게 보고 싶을 거라고는 전혀 예상하지 못했다. 한창 말 배울 귀여운 나이에 크는 걸 옆에서 못 본 다는 게 안타깝다. 이렇게 한국이 그리운 마음이 조금씩 올 라올 때면 학교 밖으로 나가 산책을 한다.

오후 3시 30분. 북유럽에 도착한 이후 두 번째로 얼굴을 보여 준 태양이 막 지평선에 닿으려 할 때 나는 가장 따 뜻한 옷을 꽁꽁 싸매고 서둘러 학교를 빠져나와 헬싱외르 중심가를 향해 걸었다. 해가 지기 전에 길을 나서려 했다.

어젯밤 내린 눈으로 길은 미끄럽다. 학교를 마친 아이 들과 함께 집으로 가는 가족이 보이고, 퇴근 차량의 행렬이 시작되는 것도 보인다. 크론보르 성이 있는 바다 방향으로 20분쯤 걸어가면 오래된 오렌지색 목조 건물들과 관공서, 상가가 있는 시내 중심이 나온다. 나의 발걸음은 어둠이 내려앉는 속도를 따라잡을 수가 없어서 거리는 벌써 컴컴하게 변해 가고 있다. 그래도 주저없이 발길을 옮길 수 있는 것은 학교 주변의 길에 조금씩 익숙해지고 있어서다. 나는 이제 향기 짙은 히아신스와 튤립을 파는 꽃집이 어디인지, 맥주 종류가 제일 많은 슈퍼마켓은 어디인지 알게 되었다. 아직 문을 닫지 않은 서점 겸 문구점에 들어가 공책을 한 권 사고 가까운 카페로 갔다. 분위기는 한국의 카페만큼 아기자기하지 않다. 검은 테이블에 초와 꽃병이 놓여 있고 오렌지색 조명이 낮게 달린 전형적인 덴마크 풍이다. 그 어두침침한 곳에 피부가 하얗고 검은 옷을 입은 사람들이 둘러앉아 조음 점 낮은 언어로 두런두런 이야기를 나누고 있다. 나는 핫 초콜릿을 주문하고, 방금 산 공책을 펴고, 가장 좋아하는 펜을 꺼내 마음속에 떠오르는 첫 번째 문장을 적는다. '해가 지기 전에 길을 나서려 했다.'

두런거리는 말소리 너머로 1990년대 팝이 흘러나온다. 덴마크 노래가 나오면 더 좋을 텐데, 하고 잠시 생각하다가 이제 완전히 검은 어둠이 내린 창밖을 바라본다. 맞은편 가게의 조명도 오렌지색이다. 낯선 곳에 혼자 있다는 약간의 긴장감과 여기가 어디인지 안다는 안정감이 동시에 느껴졌고 그것이 싫지 않다. 유리병에 꽂힌 붉은 장미 두 송이가 막 시들어 가던 검정색 테이블에 혼자 앉아 한 시간 동안 글을 썼다.

이 수업을
따라갈 수 있을까?

그룬트비는 자신을 음유시인이라고 불렀다. 음유시인이야말로 보통 사람들의 진짜 선생님이라고 했다. 음유시인들이 모국어로 들려주는 시와 노래는 힘이 있고 풍요롭기에 우리가 나고 자란 땅에 대한 사랑을 일깨우고 키워 준다. 그래서 초기 호이스콜레 교육과정은 덴마크 말로 된 신화와 전설, 시가 중심이었다. 그들은 옛날부터 내려오는 구술 전통, 특히 풍부한 역사성을 지닌 이야기를 매우 중요하게 생각했다.

그룬트비가 덴마크어로 된 민중 문학의 전통을 중시했던 이유는 19세기 덴마크 지배층의 교육이 라틴어로 이루어지고 있었기 때문이다. 그룬트비는 실제 덴마크인들의 삶과 분리된 라틴어를 외우게 하는 학교를 죽음을 위한 학교라 칭했다. 호이스콜레는 죽음의 교육 앞에 들고 일어선 삶을 위한 학교다. 천사의 손과 별의 펜촉으로 쓰여진 책이라 할지라도 읽는 사람의 삶 속으로 녹아들지 않는다면 죽은 거나 다름없다.

초기 호이스콜레에서는 학생들의 노트 필기를 권장하지 않았다. 그룬트비가 호이스콜레 교육철학의 토대를 마련했다면, 오늘날까지 이어지는 교육과정의 원형을 만든 크리스텐 콜(Christen Kold)은 필기를 안 하면 수업 시간에 들은 것을 모두 잊어버린다고 불평하는 학생에게 이렇게 말했다.

"땅에다 배수관을 묻고 나중에 묻힌 자리를 다시 찾으려면 그 자리에 표시를 해 놔야 해. 그런데 옥수수 씨앗을 심으면 따로 표시를 해 놓을 필요가 없어. 씨앗이 알아서 올라올 테니까. 수업 시간에 재미있게 들은 이야기는 언젠가 필요할 때 바로 떠오를 거야."

담임 선생님은 삶을 즐기라고 했지만, 나는 토요일 낮 기숙사 방에 틀어박혀 그룬트비에 관한 텍스트와 씨름하고 있다. 비판적 교육과 민주주의 시간에 받은 자료다. 이 수업은 처음 강의 계획서를 보았을 때부터 듣고 싶었지만 내 영어 실력으로 따라갈 자신이 없었다. 그래서 수업을 맡은 차 선생님이 커먼룸을 지나가는 것을 보고는 선생님을 붙잡고 물어보았다.

"차, 내 영어로 이 수업을 따라갈 수 있을까요?"

선생님은 조금도 망설이지 않고 대답했다.

"물론이지. 너는 교사였잖아. 그러니까 당연히 이해할

수 있어. 내가 자료를 미리 줄 테니까 읽어 오면 훨씬 도움이 될 거야."

선생님의 말에 용기를 얻어 수업에 들어갔다. 필리핀에서 태어나 아시아학과 문학을 공부하고 문맹 퇴치 프로젝트에 참여했던 연륜 있는 교사인 차 선생님은 학생들에게 질문을 계속했다. 학생들도 이야기를 멈추지 않았다. 한 학생의 이야기가 끝나기도 전에 생각났다는 듯 다른 학생이 손을 들었고, 그 학생은 기다리고 있다가 차례가 오면 거침없이 자기 의견을 말한다. 질문과 대답, 대답과 질문이 끝없이 이어진다. 신기하게도 선생님은 학생들의 이야기를 끊지 않고 끝까지 듣는다. 그러면서 수업의 흐름이 자연스럽게 이어지는데, 마치 오케스트라 지휘자 같다.

차 선생님의 놀라운 점은 교실에 앉아서 조용히 듣기만 하는 친구들에게도 자기 의견을 이야기할 기회를 준다는 것이다. IPC에서도 수업 대부분은 영어가 유창하고 표현이 활발한 학생들 위주로 진행될 수밖에 없는데, 차 선생님의 수업은 다르다. 선생님에게는 아무리 조용한 학생이라도 입을 열게 하는 힘이 있다. 그 힘은 학생의 말을 경청하는 태도에서 나온다.

선생님이 우리에게 던진 첫 번째 질문은 '이 수업을 왜 선택했는가'다. 나는 이 수업을 통해 대안학교 교사로서의 지난 시간을 돌아보고 싶다고 했다. 그런 내게 선생님은 "이 교실에 있는 우리들은 네가 들려주는 이야기로부터 배울 수 있을 거야."라고 말했다. 두 번째 질문은 '인생에서 잊지 못할 배움과 금방 잊힌 배움은 무엇인가'다. 이 질문에 학생들은 자기가 만났던 학교와 선생님에 관한 잊을 수 없는 기억들을 쏟아내며 때로 눈시울이 붉어졌다. 내 마음속에도 몇 가닥 기억이 떠올랐다.

2015년 봄 학생들과 지리산 둘레길을 걸을 때였다. 하루는 숙소인 운봉 마을회관에 도착해 부엌에서 저녁밥을 준비하고 있었다. 길에서 뜯어 온 풀꽃으로 화전을 부치던 한 학생이 차분하게 말했다.

"매일 이렇게 살았으면 좋겠어요. 걷고, 밥해 먹고, 단순하게."

실상사 앞 논에서 모내기를 하던 날에는 어렸을 때부터 큰 병을 겪으며 몸이 약했던 학생이 미끄러운 논바닥에 넘어지지 않으려고 내 손을 꼭 잡고 한 발 한 발 내딛었다. 그때 그 손에서 전해 온 생명의 감각이 아직도 손바닥에 살아 있는 듯했다.

나는 이런 이야기들을 원 없이 풀어 놓지는 못했다. 대신 3번 교실에서 차 선생님이 지휘하는 전 세계에서 온 오케스트라 단원들이 자신만의 음색으로 들려주는 잊을 수 없는 배움의 이야기를 들으며 소리 없는 눈물을 흘렸다. 작은 학교를 떠나던 순간에도, 차에 짐을 한가득 싣고 지리산을 벗어나던 순간에도, 한국을 떠나는 비행기 안에서도 흐르지 않은 눈물이었다.

일주일만 체험해 보았더라면
그래도 입학했을까?

나를 데리고 다니는 한국 학생들이 없다면 나는 계속 혼자 산책을 다니거나 기숙사 방에만 있었을지도 모른다.

며칠 전에는 늘 가던 크론보르 성 쪽이 아닌 바닷가에 친구들과 함께 다녀왔다. 속이 훤히 들여다보이도록 투명한 연푸른빛 바다 위로 북유럽의 낮은 석양이 은은하게 비치고 있었다. 하늘에 떠 있는 구름도 바닷빛을 닮아 마치 다른 행성에라도 온 듯 환상적이었다. 한국에서 대학을 다니다 휴학하고 IPC에 온 한 친구는 나의 말과 정서, 관심사가 자기 부모님과 비슷하다고 했다. 또 다른 친구는 내가 유럽 학생들에게 마음을 열고 있지 않다고 했다. 그때 마음속에서 쿵 하는 소리가 들렸다.

나는 학생들과 어울리는 일에 흥미를 느끼지 못한다. 커먼룸은 언제나 젊은 친구들의 활기로 북적거리고, 매일 저녁이면 파티룸에서 음악이 끊이지 않는다. 그곳에는 그들만의 밤의 세계가 따로 있는 것 같다. 그 세계에 끼지 못한다는 소외감이 전부는 아니다. 나의 영혼은 깊은 것을 원하고 있다. 더 깊고 치열한 가르침을 찾고 있다. 술 마시고 춤추기 위해 여기까지 온 게 아니다. 내게는 앞으로 좋아질 거라고는 보이지 않는 이 험한 세상을 헤쳐 나갈 지혜가 필요하다. 어쩌면 그건 여기에 없지 않을까. 내가 뭘 제대로 알아보지도 않고 찾아온 걸까. 내가 구하는 깊고 근본적인 가르침은 아시아에 있을까. 그 사실을 알기 위해 여기까지 오게 된 걸까.

오직 재미있는 순간은 연륜 있는 교사 몇 명과 이야기를 할 때다. 이삼십 대 교사들과 이야기하는 것도 재미가 없다. 이 사실 앞에 무기력해진다. 차라리 한국에서 좀 더 열심히 준비해서 석사과정으로 왔어야 했나 싶다. 만약 일주일만 IPC를 체험해 보았더라면, 그래도 이곳에 입학했을까? 밤새도록 다른 학교를 찾아 인터넷을 뒤지는 날들이 이어지고 있다. 하지만 그것도 쉬운 일은 아닌 듯하다.

얻고 싶은 건
거저 받을 수 없다

덴마크 생활 20일째가 되는 날 깨달았다. 내가 그토록 원하는 더 깊은 지혜와 경험, 영감은 누가 거저 주지 않는다. 남이 주지 않는다고 투덜거릴 게 아니라 두 발 벗고 들어가 직접 만들어야 한다. 그러기 위해서는 용기와 스스로에 대한 믿음이 필요하다.

프로젝트 개발과 연습 수업이 본격적인 문제 분석 단계에 접어들었다. 우리는 팀 단위로 프로젝트를 맡았다. '한국에 청년들을 위한 인생학교 세우기'를 주제로 삼은 우리 팀은 브라질 여학생과 가나에서 온 남학생 그리고 나까지 셋이다. 우리는 한국 청년들에게 나타나는 스트레스의 원인 분석부터 시작했다. 그러다 보니 한국의 자살률이 세계에서 가장 높다고 이야기하게 되었는데, 팀원들에게 이런 상황을 영어로 설명하며 한국 사회의 민낯을 보이기란 감정적으로 힘들었다. 각자 다른 억양을 가진 팀원들이 빠르게 말하는 영어를 알아듣기도 어려웠다. 위축되고 창피했지만, 그렇다고 다 알아들은 척하면 아무런 도움이 되지 않았다. 못 알아들었을 때는 솔직하게 안 들린다고 말하고 다시 묻자. 그래야 수업에 제대로 참여할 수 있다.

각 팀은 여러 교실에 흩어져 작업한다. 팀별로 모여 먼저 토론하고 그 내용을 바탕 삼아 커다란 재생 종이에 문제 지도를 그려 나가면, 거트루드 선생님이 교실마다 찾아다니며 진행 상황을 확인하고 의견을 줬다. 그때마다 선생님은 물었다.

　　"문제의 원인이 이거라고 100퍼센트 확신하니? 100퍼센트 확신할 때 다음 단계로 넘어가라."

　　나는 선생님과 대화를 나눌 때도 이해가 안 되면 물어보았다. 그렇게 한 발씩 나아가다 보면 분석을 해내고 칭찬을 받기도 했다. 유창하지 않은 영어로 한국의 문제를 설명해 내려 애쓰는 나에게서 지혜와 통찰력을 끄집어내기 위해 선생님 역시 애쓰고 있다. 선생님이 내가 어떤 사람인지 직감적으로 알고 있다는 느낌을 받았다.

　　한번은 한국 청년들이 정말 자기가 하고 싶은 일을 하려면 얼마나 큰 용기가 필요한지 이야기하다가 덴마크 사람들의 직업관을 들었다. 선생님 옆집에는 쓰레기를 수거하는 사람이 사는데, 그 사람이 교사인 당신보다 월급을 많이 받으며 사회에서 전문직으로 인정받는다고 예를 들었다. 내가 온 사회에서는 상상하기 어려운 일이어서 감정이 북받쳐 눈이 벌게지고 말았다.

　　거트루드 선생님은 한국의 교육 현실을 잘 알고 있었

다. 지난 학기에 이 수업을 들었던 한국 학생이 우리 팀 주제와 비슷한 프로젝트를 했다고 한다. 우연히 학교로 찾아온 그를 만나게 되어 과감하게 물어보았다.

"어떤 사람이 되고 싶어요?"

갓 스무 살이 넘어 보이는 그가 대답했다.

"한국의 교육을 바꾸는 사람이 되고 싶어요."

나는 소름이 돋았다. 이런 사람들이 하나둘 모인다면 우리는 무언가를 해낼 수 있을 것이다.

학생들의
엄마 노릇을 하려고 들지 마

담임 선생님과 이런저런 이야기를 나누었다. 이야기 끝에 선생님은 말했다.

"아시아 학생들의 엄마 노릇을 하려고 들지 마. 너 자신이 중요해. 너무 걱정하지 마. 한국 사람들이 얼마나 큰 긴장 속에서 살고 있는지 알거든. 여기에서는 긴장을 좀 풀고 살아 봐."

학생으로 대안교육을 받고 싶어서 여기까지 와 놓고, 나도 모르게 동료 학생들을 '아이들'이라 부르고 있는 나의 모습을 본다. 또 다양한 문화권에서 온 사람들이 모여 살기 때문에 생기는 문제들에 대해 '학교가 뭔가 해야 되지 않나, 교사들이 이런 걸 파악하고 있는가' 하는 생각이 올라오는 것도 본다. 담임 선생님은 알고 있었다. 지금 내가 한국에서처럼 누구의 교사나 엄마 노릇을 하려고 들 처지가 아니라는 것을. 지금보다 훨씬 더 내가 진짜 하고 싶은 대로 하는 것을 배워야 한다. 해야 할 것만 같은 일이 아니라.

매일 함께 밥 먹기

"어렸을 때 우리 집에 논이 있었는데, 논가에 버드나무 몇 그루가 있었어. 그중 죽은 나무 밑동에서 하얀 느타리버섯이 자랐지. 엄마와 나는 그 버섯을 따다 먹는 걸 좋아했어. 엄마는 버섯이 잘 자라게 그늘을 만들어 주려고 나뭇가지랑 풀잎을 덮어 두곤 했고."

점심 시간. 학교 식당에서 마주 앉아 버섯 요리를 먹는 베트남 친구가 눈을 반짝이며 내 이야기를 듣는다. 자기도 버섯을 정말 좋아한다며, 논 넓이가 얼마만 했는지도 묻는다. 나는 "아마도 이 식당만 하지 않았을까."라고 대답하며, 외국 친구와 버섯과 논을 주제로 대화를 나누고 있는 것이 신기하다.

지난주부터 채식 테이블로 옮겨서 밥을 먹기 시작했다.

나는 어렸을 때부터 채식을 했지만 엄격하지는 않았다. 여행을 다닐 때는 그 지역 사람들이 즐겨 먹는 음식이라면 육류도 맛을 보곤 했다. 덴마크에 왔으니 덴마크 사람들처럼 먹고 싶어서 1월 내내 육식하는 사람들을 위한 테이블에서 식사를 했는데, 양고기나 칠면조 같은 요리들이 부담스러웠다. 어떨 때는 배가 아프기도 했다. 주방 사람들에게 사정을 이야기하고 채식 테이블로 옮기니 몸과 마음이 한결 편안해졌다.

몸이 편해진 것은 채식이 더 익숙해서, 마음이 편안해진 것은 채식하는 친구들의 관심사가 비슷하기 때문이다. 덴마크 친구 마리는 고등학교를 졸업하고 아시아를 오래 여행했는데, 스리랑카에서 하루 여덟 시간씩 명상하는 프로그램에 다녀왔다고 한다. 기후변화에 관심이 많은 서배스천과 미셸도 채식 테이블에 있다. 대규모 공장식 축산 시스템이 기후와 생태계에 미치는 해악이 크다는 사실을 인식하고 채식을 선택한 것이다.

매일 100명이 넘는 사람들이 하루에 세 번 한 식당에서 밥을 먹기란 쉬운 일이 아니다. 편안하게 앉아 밥을 먹을 수 있는 자리를 찾기란 매일매일의 임무에 가깝다. 친하지 않은 사람이나 영어로 빠르게 말하는 친구들 사이에서 체하지 않고 밥 먹기가 아무나 할 수 있는 일일까. 그럴 때는 말하는 속도가 비슷하고 발음도 알아듣기 쉬운 일본 친구들이 많다는 게 그렇게 감사할 수가 없다. 커먼룸에서 수다를 떨 때도 마찬가지다. 특별한 일이 없는 한 자연스럽게 아시아 친구들이 모여 있는 테이블을 향하면 대부분이 일본 사람이다. 나는 이렇게 일본 친구들에게 의지한다.

산 없는 삶

벌써 어둑어둑해지기 시작한 토요일 오후 3시. 매너하우스 회의실에 불이 켜져 있는 게 보인다. 매너하우스는 교장실과 행정실, 사무실과 회의실이 있는 건물이다. 덴마크의 많은 오래된 건물들처럼 매너하우스 외벽도 오렌지색이다. 어둠이 깊어질수록 건물 외벽의 오렌지색보다 회의실에 켜진 조명의 오렌지색이 또렷해진다. 저 방에서 머리가 하얗게 센 학교의 원로들이 하루 종일 이야기를 나누고 있다.

나는 95년 된 학교를 이끄는 원로들의 고민이 무엇인지 정말 궁금했다. 주말에 이사회가 열린다는 소식에 혹시 학생이 들어가도 되냐고 앙헬 선생님에게 슬쩍 물어보니, 회의는 덴마크어로만 진행된다고 했다. 나는 매너하우스 뒷마당 작은 덤불숲 옆에 쭈그리고 앉아 어둠이 짙어질수록 선명해지는 회의실 불빛을 한참 바라보았다. 언젠가는 저

어르신들을 만나서 이야기를 나눠 보고 싶다. 스승을 찾아서 그리운 지리산을 뒤로하고 떠나온 길이 아니던가.

산이 몹시도 그립다. 매일 아침 눈을 뜨면 겹겹이 펼쳐진 능선이 보이지 않는 삶이 이토록 낯설게 느껴질 줄 몰랐다. 덴마크에는 산이 없다. 어디를 둘러보아도 평평하다. 가장 높은 산이 해발 200미터쯤이라고 한다.

매너하우스 뒷마당을 떠나려던 찰나 발치에 조그맣게 빛나는 노란색 봉오리가 보인다. 꽃이 피고 있다, 이 계절에! 추운 땅에서 이토록 드문 햇볕을 받으면서도 피어나려고 고개를 빼곡히 내민 꽃들이 놀랍다. 신이 나서 덤불숲 근처 이곳저곳을 둘러보니 하얀색 스노드롭이 고개를 쏙 내밀고 있다. 울타리 가까운 곳에는 반들반들한 초록색 잎을 단 크리스마스 나무 할리도, 회색 꽃봉오리 속에 꽃을 꽁꽁 숨기고 있는 목련 나무도 보인다. 이 평평한 어둠의 땅이 감춰두었던 비밀스러운 색채를 드러내려나 보다. 나에게는 눈이 있으니, 두 눈을 열고 그 신비로움을 온몸으로 맞이하면 되겠지.

느린 학생

앙헬 선생님이 진행하는 유럽의 이해 수업 시간. 뜨개질을 하며 수업을 듣고 있던 미국 친구가 손을 들더니 이렇게 말했다.

"조금 더 천천히 이야기해 주시겠어요?"

그러자 선생님은 방금 말한 내용을 다시 천천히 이야기했다. 이 순간이 마음속에 섬광처럼 새겨졌다. 아하, 영어가 모국어인 친구도 천천히 얘기해 달라고 말하는구나. 그러면 선생님은 알아듣도록 도와주는구나.

지난 한 달간 내가 중심이 되어 진행한 프로젝트 개발과 연습을 제외하고는 수업에서 한 번도 질문을 하지 못했다. 듣다가 궁금한 게 생겨도 '혹시 내가 잘못 들은 건 아닐까, 질문을 할 때 영어 문법이 틀리면 어떡하지? 바보 같아 보이지는 않을까?' 하는 온갖 두려움이 앞을 가로막았다. 선생님들에게 질문을 받아도 대답을 길게 하지 못했다. 긴 호흡으로 의견을 주고받으며 토론하기란 여전히 힘에 부친다. 그렇지만 일상적인 긴장감은 점점 줄어들고 있다. 온 힘을 다해서 집중해야만 알아들을 수 있던 수업들이 이제 조금씩 힘을 풀어도 이해되기 시작한다. 그렇게 되니 이곳에서 나의 처지를 돌아볼 여유가 생긴다.

나는 느린 학생이다. 선생님의 말을 잘 알아듣지 못하며, 물어도 대답을 잘 못하는 학생. 내 나름의 생각과 경험이 있고 마음속에 하고 싶은 말이 있지만 표현하는 일에 애를 먹는 학생. 이렇게 내가 교사일 때 만났던 느린 학생들의 마음이 된다. 어쩌면 이것이 내가 IPC로 온 이유일지도 모른다. 한국에서 학생으로 살았던 16년 동안에는 그리 큰 어려움을 겪지 않았다. 선생님들이 하는 말을 곧잘 알아들을 수 있었고, 내 생각을 표현하는 데에도 거리낌 없었다. 평생 제대로 된 교육을 받지 못한 것만 같아 세상에서 학생이 가장 행복하다는 나라에 왔는데, 통렬한 첫 번째 배움은 내가 느린 학생이 되었다는 것이다.

　게다가 기숙형 학교에 다니며 동료 학생들과의 관계도 어렵다. 복도를 지나가다 마주친 학생에게 인사를 건넸는데 받아주지 않으면, 밥 먹을 때 아무도 내 옆에 앉지 않으면, 사람들이 모여 있는 테이블로 다가가자 누군가 자리를 뜨면, 말을 걸었을 때 상대방이 무표정하면 걱정이 꼬리를 문다. '저 친구가 나를 싫어하나? 내가 뭘 잘못했나? 내 표정이 너무 심각한가? 내가 파티에 안 가서 그러나?' 한국에서 교사로 살 때는 이런 적이 거의 없었다. 대부분의 학생들은 선생님에게 인사를 잘 하며, 선생님이 인사를 했는데 받지 않는 경우는 거의 없었다. 먹고 자고 놀고 살림하는 현장 자체가 교육인 이곳에서는 충돌이 있었던 친구와 계속 얼굴을 보고 조별 과제를 같이해야 하는 것도 고역이다. 잘 노는 무리에 낄 수 없으며 대다수의 학생들과 편안하게 어울리지 못하는 것만 같아 스트레스 받을 때면 갑자기 두통이 오거나 밥을 먹다가 체하기도 한다. 그럴 때면 학교 생활이 힘들다고 호소하던 제자들이 떠오르면서 눈물이 핑 돈다.

그렇지만 학교에는 먼저 마음을 열고 도움을 청하면 손을 잡아 줄 준비가 된 사람이 많다. 경쟁해서 누군가를 이겨야 살아남는 곳이 아니다.

비판적 교육과 민주주의 수업 전에 차 선생님이 파울루 프레이리의 교육 이론에 대한 자료를 나눠 주었다. 한국에서 프레이리의 책을 읽었지만 영어 자료를 읽는 데에는 적지 않은 시간이 걸렸고, 선생님이 던진 주제에 대해 의견을 말하는 데에도 서툴렀다. 그러다 보니 글을 스윽 읽고 거침없이 자기 의견을 말하는 보송보송한 유럽 학생들 앞에서 좌절한 것이 한두번이 아니다. 나는 차 선생님께 이런 나의 사정을 솔직하게 말했다. 그러자 선생님은 일요일 저녁에 시간을 내어 나와 일본인 친구들에게 예습을 시켜 주었다. 선생님이 처음 그런 제안을 해 왔을 때는 마음이 편하지 않았다. 주말에는 선생님이 충분히 쉬어야 하니까. 그렇지만 커먼룸에서 멀지 않은 학교 사택에 사는 선생님은 흔쾌히 괜찮다고 했다. 실제로 학교 식당에서 저녁을 같이한 후 커먼룸에서 학생들에게 둘러싸여 있는 선생님의 모습을 보는 것은 드문 일이 아니다. 차 선생님은 학교에서 유일한 아시아계 교사이고, 우리가 기댈 수 있는 언덕 같다.

예습한 일요일 저녁 선생님은 미리 나눠 준 자료 내용을 요약해서 말해 보라고 했다. 깊은 우물 속에 드리운 두레박을 끌어 올리듯 내가 끙끙거리며 단어와 문장을 짓고 있으면 진지한 표정으로 고개를 끄덕이며 들어주었다. 마치 이렇게 말하고 있는 것만 같았다.

'그래, 더 힘을 줘서 당겨 봐. 두레박은 올라올 거야. 너의 경험이 녹아든 영양가 가득한 물을 힘껏 퍼 올려 우리에게 나눠 주렴.'

수업 시간. 함께 예습했던 일본인 친구가 고등학교를 자퇴하고 아르바이트를 하며 지냈던 시절의 이야기를 했다. 나는 영어가 서투른 그 친구의 말을 다 알아들을 수가 없었다. 그런데 차 선생님은 열심히 고개를 끄덕이며 긴 이야기를 듣고 있었다. 선생님은 저 친구의 말을 정말 다 알아듣는 걸까. 아니면 저 친구가 표현하고 싶은 마음을 온 정성을 다해 지지하고 있는 걸까. 그때 나는 알게 되었다. 좋은 교사란 언어적인 이유로든 심리적인 이유로든 말하기 어려운 상황에 있는 학생에게 용기를 주는 사람이구나. 지금 이 학생의 상태가 어떤지, 영어 실력이 어느 정도인지 평가하는 사람이 아니구나.

차 선생님은 수업을 듣는 모든 학생이 겪은 교육의 경

험이 가치 있고 소중하다는 것을 안다. 유럽과 교육 환경이 크게 다른 아시아 학생들의 이야기는 교육학 수업을 훨씬 더 풍성하고 살아 있게 한다. 나는 좋은 선생님을 만났다. 이제 선생님이 해낼 수 있는가는 학생인 내가 물이 가득한 두레박을 길어 내느냐에 달렸다.

한국산 소형차

눈부신 은빛 햇살이 마법처럼 쏟아져 내린다. 이런 날은 학교에만 있으면 안 된다.

친구들과 산책을 나갔다. 평소 다니던 지름길 대신 학교 뒤편의 교회를 지나 넓은 공원묘지를 통과해서 고풍스러운 건물이 늘어선 길을 따라 걸었다. 중심가에 도착해서는 중고 물품을 파는 가게들을 구경했다. 동네에는 이런 가게가 많다. 중고 옷가게 둘러보기는 이곳 생활의 소소한 즐거움 중 하나인데, 옷이 대부분 커서 실제로 사는 일은 잘 없다. 나는 광장에 바로 접한 중고가게에서 와인 잔을 하나 샀다. 퇴직 후 자원봉사를 하고 있다는 백발이 멋진 할머니가 유리잔을 신문지에 정성스럽게 싸 주었다. 기독교 계열 자선 단체에서 운영하는 가게인데, 수익금은 시리아 난민을 돕는 데 쓴다고 한다.

돌아오는 길에 덩치가 비슷한 빨간 소형차 몇 대가 나란히 주차되어 있는 광경을 보았다. 그중 눈에 익숙한 한국차 한 대가 양 옆으로 폭스바겐과 푸조 소형차를 끼고 당당하게 서 있다. 이 장면이 참 신선하다. 한국 소형차도 유럽산 차도 똑같이 동네 주차장에 서 있다. 덴마크에는 소형차가 압도적으로 많다. 잘 사는 동네라는 이곳 헬싱외르에서도 큰 차를 본 적이 별로 없다. 그리고 차보다 많은 것이 자전거다.

한국 교육 현장 사례
발표를 하다

매너하우스 뒷마당에 있는 노란색 꽃망울이 마침내 차갑고 신선한 공기 속에서 여린 여섯 꽃잎을 살짝 벌렸다. 덴마크에 와서 처음으로 본 야생화다. 덴마크어로 빈테르아코닛, 우리말로는 노랑 너도바람꽃이다. 연약해 보이는 꽃잎이지만, 이 추운 계절에 피어나는 것으로 보아 보통내기가 아니다.

매주 수요일 오후에는 전교생이 참여하는 워크숍이 열린다. 이번 주 주제는 '세계의 교육 현장'으로 2015년 인천 세계교육포럼에서 합의한 가치를 나눈다. 워크숍을 기획한

차 선생님은 네 학생에게 교육 현장 사례를 발표할 기회를 주었다. 미국 학생은 학습 장애를 겪었던 자신의 학교 생활에 관해, 나이지리아 학생은 아프리카 여성들에게 강요되는 조혼과 그에 따른 교육 기회 박탈에 대해, 시리아에서 온 친구는 난민촌 아이들의 상황을 발표했다.

나는 경쟁에서 살아남기가 지상 과제인 한국의 입시 위주 교육 현실에 대한 대안으로 세워진 작은학교 이야기를 했다. 작은학교에서 학생들은 소규모 기숙사에 모여 살며 밥을 해 먹고, 농사를 지으며, 공동체 규칙에 대해 토론하고, 자신만의 프로젝트를 만든다. 영어 교사와 더불어 홍보 업무도 맡았던 내 노트북에는 지리산의 수려한 풍광 속에서 농사일을 하고 둘레길을 걸으며 환하게 웃고 있는 학생들의 멋진 사진들이 가득했다. 나는 슬라이드를 만들고 대본을 쓴 다음 새벽같이 일어나 여러 번 소리 내어 읽어 가며 리허설을 했다. 꽤 열심히 준비한 덕분에 실제 발표할 때는 더듬거리지 않았다.

워크숍이 끝났을 때 나의 학교 생활은 이 발표 이전과 이후로 나뉠 거라는 예감을 받았다. 차 선생님은 크게 만족했고 학생들이 나를 대하는 태도도 조금 달라졌다. 복도나 식당에서 마주친 학생들이 내 이야기가 감동적이었다고 말했다. 한 일본 친구는 한국에서 대안 교육을 받는 학생들이 부럽다며 작은학교에 가 보고 싶다고 했다. 그때 이 친구들보다 많은 걸 경험한 사람으로서 내가 이곳에 줄 수 있는 것도 있으리라는 느낌이 들었다. 내 안에 있다고는 상상하지 못했던 가능성을 본 것만 같다. 그리고 그것을 보아 준 사람이 차 선생님이다.

시리아를 탈출한 친구

"내가 죽는 것은 겁나지 않았어. 가장 두려웠던 건 조그만 배가 지중해 한가운데에서 뒤집어져 우리 형제들이 다 죽는다면, 부모님이 그 큰 상실을 어떻게 감당할 수 있을지……. 생각조차 하고 싶지 않았어."

히바는 시리아 알레포에서 태어났다. 2011년 내전이 발발하기 전까지 시리아에서 가장 큰 도시였던 알레포는 지금 폭격이 쏟아지는 잿빛 폐허의 땅이 되었다. 히바의 할아버지는 오래전 팔레스타인에서 시리아로 이주했다고 한다. 히바네 가족처럼 시리아에 정착한 팔레스타인 사람들은 전쟁 전까지 평화롭게 살았다.

전쟁이 시작될 무렵 히바의 어머니는 심장 수술을 해야 했다. 알레포에 있는 병원 의료진들이 이미 시리아를 빠져나가고 있는 상황이었다. 병원에서는 시리아의 수도인 다마스쿠스에 있는 큰 병원으로 가 보라고 했다. 히바네 가족이 다마스쿠스 병원에 도착했을 때는 그 병원의 의료진도 탈출한 후였다. 가족은 고심 끝에 이집트로 갔다. 다행히도 그곳에서 심장 수술을 받은 어머니는 서서히 건강을 되찾았다. 하지만 합법적인 체류 기간이 끝난 후에도 전쟁 중인 시리아로 돌아갈 수 없었다. 이집트는 팔레스타인 사람들에 대한 차별이 전쟁 전 시리아보다 심했다. 히바네 가족은 유럽으로 망명을 준비했다. 몇 번의 위험천만한 시도 끝에 히바의 오빠와 언니, 동생은 터키에서 그리스로 가는 허름한 보트를 탔다. 그 보트 안에서 죽을 고비를 넘겼다.

히바는 그날을 다시는 생각하고 싶지 않다고 했다. 더듬더듬 느리게 말을 이어 가는 친구의 두 손이 미세하게 떨렸다. 우리는 6번 교실의 동그란 테이블에 모여 앉아 조용히 히바의 이야기를 들었다. 이십 대 초반 나이에 전쟁을 겪은 사람, 수많은 인명이 죽어 나가는 현장에서 목숨을 걸고 탈출한 사람이 지금 내 앞에 앉아 있다. 나는 전쟁이 어떤 것인지 모른다. 전쟁을 겪어 보지 않은 우리가 할 수 있는 일은 친구가 어렵게 들려주는 이야기를 두 손 모으고 듣는 것이다.

질문이 폭죽처럼
터지는 교실

비판적 교육과 민주주의 수업은 차 선생님과 클라우스 선생님이 공동으로 진행한다. 클라우스 선생님은 한국에서 태어나 덴마크로 입양되어 자랐는데, 철학과 신학을 전공했다. 두 선생님은 강의를 하지 않을 때 다른 학생들과 똑같이 강의실에 앉아서 수업을 듣는다. 오늘은 클라우스 선생님이 단독으로 수업하는데, 시작한 지 5분이 지나도 빈자리가 채워지지 않자 선생님 특유의 장중한 스타일로 일장 연설을 토해 낸다.

"수업 10분 전, 나는 수업에 대한 열정으로 불탄다. 그런데 수업이 시작되었는데도 학생들이 오늘처럼 반 정도밖에 출석하지 않았을 때 이보다 더 절망스러운 상황이란 내 삶에 없다. 물론 나는 살면서 큰 상실을 겪어 보았다. 그렇지만 수업이 시작되었는데 학생들이 오지 않는 상황은 여전히 나를 낙담시킨다."

보아하니 수업이 바로 시작될 것 같지 않아서 나는 손을 들고 물어본다.

"질문을 해도 될까요?"

"얼마든지."

"이 학교에서 일한 지 얼마나 되었나요?"

"5년째다. 평생 교사로 일한 시간을 모두 합치면 열다섯 해다. 대학에서 학생들을 가르친 적도 있고, 다른 호이스콜레에서 일하기도 했다. 나는 주로 철학과 종교, 문화, 교육학 등을 가르쳤다. IPC는 내가 가장 오래 근속한 학교다. 처음 여기서 일을 시작했을 때는 이렇게나 오래 있을 줄 몰랐다. 1년쯤 하다가 다른 곳으로 옮길 줄 알았다."

"IPC에 이렇게 오래 있는 이유가 무엇인가요?"

"세 해 전 떠나려고 한 적이 있다. 그때 학교에 위기가 왔고, 나는 떠나기로 거의 마음먹었다. 그런데 위기가 극복되었다. 이곳은 건강하다. 다른 모든 학교가 그렇듯 이곳만의 장점이 있고 단점도 있다. 내가 떠나지 않는 이유 중 하나는 이곳의 단점에 대해서 책임감을 느끼기 때문이다. 지금 내가 있는 곳의 안 좋은 면을 바꾸는 데 도움이 되고 싶다. 이곳은 그럴 수 있는 곳이다. 만약 내가 무언가에 대해 불만이 있다면, 그 문제를 해결하는 데 기여하고 싶다."

그는 수업 시간에 끝없이 질문을 던진다. '어떤 교사가 좋은 교사고, 어떤 교사가 나쁜 교사일까? 왜 그렇게 생각하지? 네 인생의 목표를 결정하는 사람은 누구냐? 너 자신이라고? 왜 너 자신이 네 인생의 목표를 결정하지?' 질문은 근본적이고, 나는 그런 질문을 작은 폭죽처럼 연신 터뜨리는 그의 수업이 좋다.

쉬는 시간에 커피를 마시러 커먼룸에 가는 선생님을 붙잡고 물어보았다.

"클라우스, 내가 수업을 제대로 따라가고 있나요?"

"네 생각은 어때? 수업을 얼마나 이해하고 있니?"

"한 60퍼센트 정도?"

"네가 그렇게 생각한다면 그게 맞을 거야. 내 질문에 네가 하는 대답은 거의 다 틀리지만 말이야. 하하하!"

그의 웃음소리에 깨닫는다. 아하, 내가 질문을 시작했구나. 내가 언어를 갖기 시작한 것이다.

우리 나라는
아름답다네

"나는 아프가니스탄을 탈출해 덴마크로 왔습니다. 덴마크에서 고등학교를 다니면서 한 덴마크 여자 아이를 알게 되었습니다. 그 애의 부모님은 이라크에서 왔습니다. 그 애는 중동 사람처럼 생겼지만, 그래도 내게는 덴마크 사람입니다. 나는 곧 그 애를 좋아하게 되었습니다.

어느 날 그 애가 나에게 페이스북 친구 신청을 했습니다. 나는 좋았습니다. 어느 날은 숙제를 같이하자고 했습니다. 나는 좋았습니다. 몇 달이 흐른 후 나는 그 애에게 좋아한다고 말했습니다. 그러자 자기도 나를 좋아한다는 것이었습니다. 나는 정말 좋았습니다. 우리는 서로 좋아했지만 내가 할 수 있는 건 복도에서 마주쳤을 때 환하게 웃어 보이는 것뿐이었습니다. 그것이 아프가니스탄 사람이 사랑하는 방법입니다.

어느 날 그 애는 집에 가서 부모님께 내 이야기를 했습니다. 부모님은 딸이 나를 만나는 것을 싫어하셨다고 합니다. 아프가니스탄을 탈출한 나 같은 사람에게는 미래가 없다고요. 나는 부모님의 충고를 따르라고 했습니다. 그 뒤로 우리는 학교 복도에서 마주쳐도 서로 말을 하지 않습니다. 나는 4년 전 아프가니스탄에서 덴마크로 왔습니다. 4년 전 탈레반이 우리 집 문을 두드렸습니다. 그리고 우리 아버지를 죽이려고 했습니다. 그것이 내가 아프가니스탄을 떠난 이유입니다."

선한 눈망울의 청년이었다. 무대에 홀로 서서 자기 이야기를 들려주는 차분하고 담담한 목소리가 듣는 사람의 심금을 울렸다.

오늘 오전 IPC 전교생은 연극을 보러 근처 고등학교 강당으로 향했다. 공연자는 중동에서 온 젊은 난민으로 이루어진 퍼포먼스 팀이었다. 무대에 선 여섯 사람이 짧은 극과 시로 자신들의 경험을 표현했다. 한 사람은 이런 노래를 불렀다.

아름다운 말 그리고 다른 많은 것들
나의 나라는 아름답다네
아름다운 노래 그리고 다른 많은 것들
우리 나라는 아름답다네
나의 꿈은 언제나
내 나라로 돌아가는 것
그리고 그곳에서 당신과 함께 영원히 사는 것

앳된 얼굴의 시리아 여성이 가만히 서서 아랍어로 노래를 불렀다. 동시에 무대 위 스크린에 영어로 번역된 노래 가사가 떴다. '우리 나라는 아름답다네'라는 가사가 반복될 때 객석 맨 앞줄에서 나는 눈물을 멈출 수 없었다. 노래하는 사람의 표정과 목소리가 평온해서 슬픔은 배가 되었다. 가수는 떠나온 고향의 아름다움을 노래하고 있지만, 언제 그곳으로 돌아갈 수 있을지 모른다. 공연이 모두 끝나고 나는 가수에게 다가가 목소리가 정말 아름다웠노라고 말해 주었다. 그는 겁이 많은 사슴처럼 검고 큰 눈을 빛내며 서투르게 고맙다고 인사했다.

학교에 돌아와서 나는 눈물 많고 마음이 따뜻한 친구 히바에게 이 노래의 제목을 물었다. 히바는 아랍 사람이라면 누구나 다 아는 노래로 제목이 「나의 아름다운 나라(Helwa Ya Baladi)」라고 알려주었다. 여러 버전을 찾아서 들어보았지만, 오늘 공연에서 들었던 가수의 목소리보다 아름다운 곡은 없었다.

이건 너에게
공정하지 않아

두 달간 준비한 프로젝트 개발과 연습 수업 발표 날이다. 이 수업은 행동하는 세계시민을 키워 내는 것을 교육 목표로 삼고 있는 IPC의 주요 교과목으로, 학기가 끝날 때 수강생은 전교생 앞에서 프로젝트 발표를 해야 한다. 벌써 봄 학기 전반 12주를 마무리하는 시점인 것이다.

이번 학기에는 모두 네 팀의 프로젝트가 나왔다. 덴마크령 페로 제도에서 가정폭력 문제를 풀어 나갈 방법을 탐구한 팀, 브라질 빈민가의 여성 청소년들을 지원하는 비정부 조직을 설계한 팀, 유럽연합 소속 국가들에 파리 협정의 성실한 이행을 촉구하는 시민사회 플랫폼을 연구한 팀 그리고 한국에 청년들을 위한 인생학교를 세우려는 우리 팀이다. 발표를 앞두고 오전 수업 시간에 우리는 거트루드 선생님과 함께 리허설을 했다. 실제 발표에 주어진 시간은 15분이지만, 선생님은 팀마다 한 시간씩 들여서 꼼꼼하게 봐주었다.

바로 앞 팀이 리허설을 끝냈을 즈음 압박감을 못 이겨 눈물이 줄줄 흘렀다. 다른 팀만큼 세련되고 유창한 영어로 말하는 것이 팀의 리더인 내겐 불가능했다. 마침내 차례가 되었을 때 나는 잔뜩 긴장한 채 학생들과 거트루드 선생님을 바라보며 솔직하게 말했다.

"제가 여러분처럼 아름다운 영어 문장으로 말하지는 못할 거예요. 버벅거리거나 말이 엉키더라도 인내심을 가지고 들어주면 좋겠어요."

그러자 선생님은 단호하게 말했다.

"네 앞에 발표한 팀은 영어가 모국어인 사람들이야. 이건 너에게 공정하지 않아. 우리 모두가 알지. 여기 혜선이 하는 말을 못 알아듣는 사람이 있니?"

선생님은 교실에 있는 학생들을 둘러보았다. 학생들이 고개를 저었다.

"봐, 여기 네 말을 이해 못하는 사람은 없어. 영어 말고 내용에 집중해라."

선생님의 그 말은 힘이 있었다. 나는 용기를 내어 첫 문장을 말했다.

"저는 경쟁에 내몰린 한국 청년들을 위한 인생학교 프로젝트를 준비했어요. 왜냐하면 청년들은 우리의 미래이기 때문입니다."

리허설은 놀랍도록 순조롭게 흘러갔다. 두 달 내내 매달린 프로젝트였기에 대본을 보지 않고도 호소력 있게 말할 수 있었다. 나는 한국 교육과 청년 문제에 대해 경험과 감정을 담아 즉석에서 내용을 추가하기도 했다. 거트루드 선생님은 몇 가지 문제를 날카롭게 지적했고, 우리는 지적을 받아들여 수정했다. 리허설을 듣는 학생들의 눈이 빛났다. 진지한 표정으로 질문하는 유럽 친구들을 보면서, 내가 세상에 하고자 했던 이야기가 통했다는 느낌을 받았다. 리허설이 끝났을 때 몇몇 친구들이 다가와 내용이 좋으니 발표에 앞서 영어 못 한다는 말은 꺼내지 말라고 조언했다. 파리 협정 프로젝트를 맡은 서배스천과 미셸은 도입부가 정말 좋았다고 했다. 그렇게 마음을 표현해 주는 친구들이 고마웠다. 어렵고 멀게 느껴졌던 친구들이 한 발짝 다가온 느낌이었다.

실제 발표도 무사히 끝났다. 소렌 교장 선생님도 보러 왔는데, 한국에 두 번이나 다녀온 그는 한국의 사정을 잘 알고 있었다. 인생학교 프로젝트를 현실화할 가능성이 있느냐는 질문에 나는 '아직은 자신 없어요. 10년만 더 살아 보고요'라고 하려는데, 팀원인 브라질 친구가 자신감 있게 '예스'라고 말했다. 비인가 대안학교에서 일해 본 나로서는 그 어려움이 눈에 선했다. 그렇지만 발표가 끝난 후 나는 내 인생의 새로운 장을 열어 가고 있다는 예감을 받았다.

발표를 다 마치고 홀가분해진 표정의 서배스천이 나에게 찾아와 말을 쏟아 냈다. 그 말을 다 알아듣지는 못했지만 큰 숙제를 끝낸 기쁨을 동료로서 함께 나누고 싶다는 마음만은 또렷이 읽을 수 있었다. 소통했다는 느낌, 연결되었다는 느낌보다 더 좋은 감정을 나는 알지 못한다. 이렇게 상반기 가장 큰 숙제가 끝났다. 혼자 눈물을 삼키며 어두운 시간을 견뎌 낸 내가 대견하고 고맙다. 창밖에는 함박눈이 내리고 있다.

장밋빛 인생

IPC에는 문화의 밤이라는 행사가 있다. 전 세계에서 온 학생들이 대륙별로 모여 준비하는 이 행사는 한 달에 한두 번쯤 열린다. 학생들은 공연, 퀴즈, 야외 활동 등 다양한 방법으로 자기가 온 나라와 대륙의 문화를 소개한다. 동네 주민들도 참여할 수 있고, 전에 IPC를 다녔던 학생들이 찾아오기도 한다. 지난 1~2월에는 선생님들과 스태프들이 준비한 IPC 문화의 밤을 시작으로 북유럽 문화의 밤과 일본 문화의 밤 행사가 열렸다.

오늘 문화의 밤은 서유럽 학생들이 준비했다. 주제는 결혼식인데, 결혼하는 두 남학생 커플의 친지와 친구들이 프랑스와 이탈리아, 영국, 아일랜드, 독일 등에 있다는 설정으로 각 나라 고유의 문화를 소개했다. 아주 유쾌하고 아름답게 풀어낸 결혼식이었다. 동성 결혼의 어려움을 보여 주는 데 시간을 쓰지 않았다. 레스토랑에 들어간 커플이 웨이터에게 남자끼리 사귄다고 핀잔을 듣는 장면이 있었지만, 유머를 섞어 연출해서 보는 사람들이 웃음을 터뜨렸다. 마지막에는 결혼식장처럼 꾸며진 강당에 에디트 피아프의 노래「장밋빛 인생」이 울려 퍼지는 가운데 오늘의 주인공들이 스포트라이트를 받으며 춤을 추었다. 결혼식에 초대받은 하객처럼 예쁘게 차려입고 간 우리도 곧 함께 어우러져 춤췄다. 봄이 오고 있는 그 어두운 밤이 부드럽고 감미로운 기운으로 가득 찼다.

많은 사람들 속에 섞여서 친구들과 어깨를 감싸 안고 멋지게 끝난 문화의 밤을 축하하며 깨달았다. '아하, 이런 게 파티로구나.'

INSUFICIENT COUNSELOR OR SOCIAL WORKERS FOR PSYCHOLOGICAL HELP

FAMILY'S PRESSURE

2
–
당신의 기대는
공정했나요?

중부유럽
수학여행

"걷는 건 도시를 제대로 알 수 있는 유일한 방법이지."

베를린에 온 둘째 날. 중부유럽 여행팀을 이끄는 앙헬 선생님의 말이다. 도착 첫날 숙소에 짐을 풀고 체크포인트 찰리를 방문할 때부터 선생님은 우리를 데리고 부지런히 걸어 다녔다. 오늘은 숙소가 있는 옛 동베를린 지역의 메링담 역부터 이스트사이드 갤러리까지 두 시간을 걸었는데, 우리에게 이 도시를 보여 주려 일부러 돌아가는 길을 택한 듯했다. 군데군데 베를린 장벽의 흔적을 품고 있는 도시는 아직 쌀쌀한 날씨이지만 막 잎이 돋아나는 가로수들의 연둣빛으로 빛난다.

3월에 학교는 정규 수업에서 벗어나 2주 동안 별도의 프로그램을 진행한다. 학생들은 중부유럽이나 아프리카 가

나로 여행을 가거나 학교에 남아 미술 프로젝트, 덴마크어 집중 수업을 들을 수 있다. 중부유럽 여행의 리더인 앙헬 선생님은 베를린과 프라하를 거쳐 폴란드 아우슈비츠까지 다녀오는 일정으로 숙소와 교통편을 예약했다.

베를린 지하철역에서 스무 명이 넘는 학생들의 표를 사려고 전자 매표기 앞에 한참 서 있는 선생님을 보니, 작은학교 시절 학생들과 여행을 다니며 함양, 진주, 하동, 화개 터미널에서 표를 사려고 줄 서 있던 내가 떠올랐다. 엘리베이터가 없는 4층 게스트하우스에 무거운 짐을 들고 끙끙거리며 올라갈 때도, 크로커스가 막 꽃망울을 터뜨린 쌀쌀한 베를린 거리를 걷고 또 걸을 때도 지리산 둘레길을 학생들과 함께 걸었던 날들이 생각났다. 그래서 다른 친구들이 발이 아프다고 투덜거릴 때 나는 아무 말 없이 거리를 걸었다.

처음 지리산으로 교사 면접을 보러 갔던 날 함양 터미널에서 실상사행 버스를 타고, 남원시 산내면 중기마을을 지나 산천식당 앞에서 내려서 표지판을 따라 걸어 오라고 안내받았다. 그런데 오르막길을 따라 걸어도 걸어도 학교는 나오지 않고 자꾸만 산속 깊이 들어가게 되는 것이었다. 마침내 산중턱에 있는 학교에 도착해서 천왕봉이라 이름 붙은 방에 앉아 면접을 볼 때 개량한복을 입은 선생님이 첫 번째로 던진 질문은 이랬다.

"10킬로그램 정도 무게의 짐을 메고, 2주 동안 하루에 20킬로미터씩 걸으며 학생들과 먹고 잘 수 있겠어요?"

나는 솔직하게 자신 없다고 말했다. 나중에 들으니 선생님들은 그런 나를 교사로 뽑기가 망설여졌다고 했다.

실제로 학생들과 먹고 자며 함께한 지리산 둘레길 걷기는 상상을 뛰어넘었다. 학생들은 잘 자고 잘 먹고 잘 걸었다. 교실에 있을 때보다 길에서 활짝 더 피어났다. 2주간의 여행을 마치고 돌아오면 외모도 마음도 부쩍 자라났다. 문제는 나였다. 발에 물집은 물론이고 발톱에 퍼렇게 멍이 들도록 걸었지만 학생들보다 한두 시간이 느렸다. 인솔 교사로 지리산 둘레길 걷기에 나섰다가 결국 학생들에게 인솔되어 다리를 절뚝거리며 돌아오곤 했다.

기억하는 도시
베를린

서로 다른 색의 역삼각형 모양 여러 개가 보인다. 정치범을 나타내는 붉은색 역삼각형 왼쪽으로 초록색은 전문 범죄꾼, 파란색은 이민자, 보라색은 여호와의 증인, 분홍색은 동성애자의 표시다.

나치의 강제 수용소에 끌려온 사람들은 1938년부터 죄

목에 따른 색깔의 역삼각형 배지를 죄수복에 달아야 했다. 상습범의 경우 역삼각형 위에 줄 하나가 추가되었고, 유대인의 배지는 역삼각형에 노란색 정삼각형을 겹쳐 붙여서 오늘날 이스라엘 국기 가운데에 새겨져 있는 다윗의 별 같은 모양이 되었다. 정치범도, 범죄자도, 이민자도 아닌데 수용소에 끌려가야 했던 유대인은 안네 프랑크가 그랬듯 모두가 노란색 별을 달아야 했다.

우리는 테러의 지형학 박물관에서 나치 정권의 참상을 알리는 기록물을 보았다. 베를린 시내에 있는 이 박물관은 1933년부터 1945년까지 나치 비밀경찰 게슈타포의 사령부 건물과 히틀러의 친위대 SS의 본부가 있던 곳 근처에 세워졌다. 예전 건물들은 2차 세계 대전 당시 폭격으로 파괴되었고 전쟁 이후에 잔해가 철거되었다. 베를린은 시내 한복판에서도 공사 현장을 볼 수 있는데, 앙헬 선생님에 따르면 2차 대전의 엄청난 폭격으로 파괴된 도시를 재건하는 작업이 지금도 천천히 진행 중이라고 한다.

박물관은 그 이름답게 나치 정권의 만행을 기억하기 위한 전시물로 가득하다. 수많은 독일 청소년들이 함께 온 교사로부터 설명을 듣고 있다. 여기 오기 전에 들렀던 유대인 학살 추모관과 독일 역사박물관처럼 베를린은 온통 기억하기 위해 애쓰고 있다.

베를린은 내가 분단국가에서 왔다는 사실을 끊임없이 확인시키는 공간이기도 하다. 거리를 걷다가 이곳이 예전 동베를린이었는지 서베를린이었는지 궁금하면 신호등을 보면 된다. 옛 동베를린 지역이라면 힘차게 팔을 내저으며 걷는 모양의 초록불 '신호등맨'이 깜박인다. 오늘은 카를 마르크스가 공부했다는 훔볼트 대학 앞에서 중고 책 장터가 열리고 있다. 오래된 책과 엽서, 구 동독에서 발행된 동전, 마르크스와 엥겔스의 얼굴이 나오는 우표를 구경하다가 북한 엽서를 발견했다. 1989년 세계청년학생축전을 기념해서 만들어진 것이었다. 한참을 망설이다 결국 1유로를 내고 엽서를 샀다. 문득 그때 남측 대표로 세계청년학생축전에 참가했던 대학생들이 지금은 어떻게 살고 있을까 궁금해졌다.

베를린은 제 상처를
숨기지 않은 채

아침을 먹고 부지런히 짐을 챙겨서 베를린 중앙역으로 갔다. 넓은 역사에서 에스컬레이터를 여러 번 갈아타고 이동하는 가운데 자꾸만 뒤로 처지는 나를 돌아보며 기다려 주는 사람이 있다. 프레데릭이다. 키가 무척 큰 이십 대 초반의 덴마크 청년인 그와 학교에서는 한 번도 이야기를 나누어 본 적이 없다. 파티룸에 가면 언제나 그를 만날 수 있다고들 했지만 우리가 그곳에서 마주칠 일이란 없었다. 그런 녀석이 나를 살핀다.

프라하행 기차를 타기까지 시간이 넉넉히 남아 글을 쓰려고 카페에 들어갔다. 카페에서 일하는 젊은 여자의 표정이 편안해 보이지 않는다. 저렇게 무뚝뚝하고 각박한 얼굴을 덴마크의 카페에서는 보지 못했다. 이곳은 덴마크와는 다른 세상이다.

베를린 호스텔에 짐을 푼 일요일 저녁 숙소 로비 한쪽에서는 수업이 한창이었다. 금발의 백인 중년 여자가 독일어를 가르치고, 십 대로 보이는 앳된 얼굴의 깡마른 소년들이 열정적으로 수업을 듣고 있었다. 푸른 광선이라도 뿜어낼 것처럼 강렬하게 빛나는 그들의 눈은 먼발치에서 바라보는 나를 압도했다. 나는 홀린 듯 수업 광경을 건너다보았다. 소년들은 열심히 교사를 바라보고, 공책에 무언가를 쓰고, 손을 들어 질문했다. 피부색과 얼굴 생김이 독일어 교사와 달랐다. 어쩌면 서아시아 쪽에서 단체로 수학여행을 왔는지도 모르겠다고 생각했다. 하지만 여행하는 사람들이라기에는 눈빛이 너무도 진지했다.

그들이 누군지 알게 된 건 아침 식사 시간이었다. 그날의 일정을 위해서 저렴한 호스텔 조식을 꾸역꾸역 밀어 넣고 있는데, 식당 저쪽에서 갑자기 후다닥거리는 소리가 들렸다. 순식간에 그 소리는 치고받는 격렬한 소음으로 바뀌었다. 고개를 돌려 보니 소년 둘이 엉켜서 싸우고 있었다. 번개같이 짧은 순간 다른 소년들이 두 아이를 감싸 안아 말렸다. 아이들은 서로 노려보며 분노에 차서 씩씩거렸다. 잠시 진정 국면에 접어드는가 싶더니, 어느새 뒤에서 또 다른 아이가 공격을 시도했다. 호스텔에서 일하는 백인들이 달려왔을 때는 테이블 위에 있던 컵과 접시가 와장창 깨지고 의자가 넘어진 후였다. 주변에서 밥을 먹던 백인 여행객들은 음식이 남은 접시를 그대로 남겨 두고 부리나케 자리를 떠났다. 얼마 지나지 않아서 주변의 소년들과 어른들의 중재로 싸움은 마무리되었다. 아이들은 모두 식당을 떠났고, 호스텔 직원들은 깨진 그릇 조각이 널브러져 있는 현장을 사진 찍었다.

이번에도 그 광경을 바라보다가 강렬한 에너지에 압도되었다. 내가 알아들을 수 없는 외국어로 소리를 지르며 온몸으로 상대를 제압하려 드는 그 분노에 찬 눈빛은 며칠 전 독일어를 열심히 배우던 바로 그 눈빛이었다. 비로소 나는 아이들이 여행객이 아니라는 것을 알았다. 그들은 이 호스텔에 살고 있었다. 시리아에서 넘어온 청소년 난민을 위해 독일 정부에서 임시로 정해 준 거처였다. 독일 정부는 일반 관광객 숙박 요금보다 훨씬 많은 비용을 지불하고 있기 때문에 호스텔 쪽에서 거절하지 않는다고 했다. 메르켈 총리가 100만 명에 가까운 난민을 받아들이는 인도적 결정을 내린 지 1년이 채 안 된 시기였다.

저녁에 아시아 음식이 먹고 싶어 찾아간 베를린 시내의 베트남 쌀국수 집에서 나는 그 소년들을 떠올렸다. 일행인 베트남 친구와 반갑게 베트남어로 인사를 나누는 나이 지긋한 쌀국수집 주인 남자의 표정에는 여유가 있었다. 그에게도 섬광처럼 눈을 빛내며 삶의 한복판으로 뛰어든 시절이 있었을 것이다. 그것은 젊음이었다. 베를린에서 나는 기억하고자 애쓰는 사람들과, 내 나라의 분단과, 전쟁으로 삶의 터전을 잃고 유럽으로 모여든 중동의 젊은이들을 보았다. 베를린은 제 상처를 숨기지 않은 채 두 팔을 한껏 벌려 그 모든 기억과 사람을 끌어안고 있다.

루살카

익숙한 멜로디가 프라하 오페라하우스 4층 끝 좌석에 줄지어 앉아 있는 우리에게까지 사뿐사뿐 다가온다.

달님, 하늘 높고 깊은 곳에서

먼 곳까지 훤히 비추시는 당신.

온 세상을 두루 다니시니

사람들의 집까지 들여다보시겠지요.

달님, 잠시만 거기 서서

내 님이 어디 있는지 말해 주세요.

— 드보르자크, 「달의 노래」 중에서

프라하에 왔으면 오페라를 봐야 한다며 스무 명 넘는 학생들을 오페라하우스로 데려온 앙헬 선생님은 나비넥타이까지 챙겨 맸다. 우리가 앉아 있는 곳은 위치로 보아 가장 싼 좌석이 틀림없다. 그리고 프라하는 예술을 사랑하는 가난한 학생들이 저렴한 가격의 오페라 티켓을 구하기 어렵지 않은 곳이다. 나는 드보르자크가 체코 사람인지도, 「루살카」가 체코어로 된 오페라인지도 몰랐다. 중간 쉬는 시간에 우리의 유럽 여행에 동행한 체코 출신의 페트르 선생님이 체코어로 「달의 노래」 도입부를 흥얼거리는 것이 참으로 신기했다. 무대 위쪽 황금빛 천장이 가까운 곳에 외국인을 위한 영어 자막이 있어서 내용을 이해하기 어렵지 않았다.

슬라브 신화에서 호수나 강에 사는 물의 요정 루살카

는 인간 왕자를 사랑하게 되어, 인간이 되기 위해 마녀를 찾아간다. 마녀는 만약 인간이 된 후 연인이 루살카를 배신한다면 두 사람 모두 영원히 저주받을 것이라고 경고한다. 인간의 몸이 되면 아름다운 목소리를 잃게 되지만 루살카는 망설이지 않는다. 그다음 펼쳐지는 이야기는 우리에게 익숙한 안데르센의 동화 「인어공주」와 비슷하다.

「루살카」의 대본을 쓴 체코 시인 야로슬라프 크바필은 실제로 오페라 줄거리에 「인어공주」에 등장하는 요소들을 포함했다. 「인어공주」가 처음 출판된 것은 1837년, 오페라 「루살카」가 초연된 것은 1901년이다. 슬라브 신화와 덴마크 동화가 어우러진 이 오래된 이야기는 여전히 우리의 가슴을 울린다. 우리는 나와 다른 존재를 사랑하기 위해 모진 고통을 감수하는 루살카의 마음을 이해할 수 있다. 그건 앞으로 한 세기가 더 지나도 마찬가지일 것이다.

100년을 뚜벅뚜벅
걸어온 학교

폴란드 크라쿠프로 가는 버스를 탔다. 프라하 시가지를 벗어나 두 시간쯤 달리니 끝없이 이어지는 완만한 산간 지대가 나온다. 페트르 선생님이 창밖을 보더니 곧 자기 고향 근처를 지날 거라며 신나게 핸드폰으로 전화를 건다. 아마도 어머니와 옛 친구들에게 전화하는 듯하다.

버스가 폴란드 국경을 넘은 직후 잠시 정차했을 때 밖에서 어떤 폴란드 아저씨가 우리 일행에게 뭔가 물어보았다. 그러자 페트르 선생님이 영어가 아닌 언어로 대답을 해 준다. 선생님에게 폴란드어를 할 수 있느냐고 물으니, 이웃 국가인 체코와 폴란드는 언어가 비슷해 서로 천천히 이야기하면 웬만한 것은 알아듣는다고 한다. 유럽에서는 이처럼 이웃한 국가들끼리 서로 말이 통하는 경우가 종종 있다. 덴마크와 노르웨이, 스웨덴도 그렇다. 내가 이런 게 신기하다고 하니, 선생님은 한국과 일본, 중국이 서로 말이 통하지 않는다는 사실을 처음 알았을 때 신기했다고 한다.

프라하를 떠나는 마음은 시원하다. 섭섭하지 않다. 베를린을 떠날 때도 그랬다. 이제 일주일을 넘긴 여행은 피로감이 쌓이고 있다. 내가 유럽 여행팀에 합류한 이유는 지금이 아니면 언제 남들 다 가 본다는 이런 유명한 도시들을 구경할 수 있을까 싶어서였다. 관광객으로 넘치는 도시에 가려고 교통편과 숙소를 예약하는 번거로운 일을 아무래도 내 평생 하게 될 것 같지가 않았다. 그런데 혈기 왕성한 청년 스무 명가량과 함께 움직이는 일정은 보통 일이 아니었다. 공식 일정이 끝나고 저녁이 오면 나는 피곤해서 숙소에 드러누워야 하는데, 청년들은 그때부터가 시작이다. 바와 클럽을 찾아 나선 친구들은 이른 새벽에 술에 취해 돌아오곤 했다. 선생님들은 이들을 데리고 아침마다 새로운 일정을 시작한다. 나는 학기마다 이 일을 해내는 선생님들이 존경스럽다.

내가 IPC를 알게 된 건 한국의 대안학교인 하자센터가 연 콘퍼런스에서였다. 그러다 보니 나는 IPC도 대안적인 삶을 찾는 사람들이 오는 학교일 거라고 예상했다. 하지만 이건 나 혼자 그린 모습에 불과했음을 깨닫는 데는 오랜 시간이 걸리지 않았다. 이곳은 세계시민학교라는 말 그대로 전 세계에서 온 사람들이 함께 살며 배우는 학교다. 누구나 올 수 있는 문턱이 낮은 학교이기에 온갖 다양한 사람들이 모여든다. 정치의식이 강한 사람도 있고, 기후변화를 알리기 위해 애쓰는 사람, 맨날 술에 절어 사는 사람, 욕을 입에 달고 사는 사람도 있다. 설거지할 때나 청소할 때 나오지 않아 콘택트 그룹원들을 애태우는 사람도, 누구와도 말을 섞지 않은 채 철저히 외톨이로 지내는 사람도 있다. 그냥 영어 배우러 온 사람도 있다. '인터내셔널 피플스 칼리지'는 이 모든 사람들과 함께한다. "스탈린이 누구예요?"라고 물어보는 열여덟 살 학생을 데리고, 홀로코스트 추모 조형물 앞에서 "웃긴 표정으로 사진 찍으면 안 돼요?" 하는 열아홉 살 학생을 데리고 베를린 장벽에서 아우슈비츠까지 다니며 사람의 역사를 공부한다.

처음 나는 학교에 많이 실망했지만, 그것은 나 홀로 상상한 그림 때문이었다. 학교는 이토록 다양한 사람을 품으며 100년에 가까운 시간을 뚜벅뚜벅 걸어오고 있다. 그리고 나도 학교가 품어 주고 있는 많은 사람들 가운데 하나다.

크라쿠프에서

날씨가 쌀쌀한 오후 오스카 신들러 박물관을 둘러보고 나온 친구들이 하얀색 박물관 외벽을 배경으로 삼삼오오 기념 촬영을 하고 있다. 아르헨티나에서 온 친구가 나를 보더니 건물 벽 흑백 사진들이 가득 붙어 있는 곳에 서 보라고 한다. 사진의 주인공은 오스카 신들러가 전 재산을 쏟아부어 목숨을 구한 사람들이다.

독일의 폴란드 침략과 나치의 만행을 생생하게 보여 주는 전시를 두 시간 가까이 본 터라 어두운 얼굴로 서 있으니, 카메라를 든 친구가 한번 웃어 보라고 한다. 내가 "여기에서 웃으며 사진 찍어도 괜찮을까?" 하자, 친구는 잠시 고민하다가 "이곳은 누군가의 선행으로 살아남은 사람들의 사진 앞이니까 웃어도 괜찮지 않을까?"라고 한다. 나는 친구를 위해서 웃는 얼굴을 해 본다.

신들러 박물관에는 "한 사람의 목숨을 구하는 것은 전 세계를 구하는 것이다."라는 탈무드의 한 구절이 폴란드어, 영어, 이스라엘로 새겨져 있다. 어둠이 완전히 내리고 나서야 숙소가 있는 크라쿠프 구 시가지로 돌아왔다.

아침에는 바벨 성까지 산책을 갔다. 성까지 걸어가는 길에 밤사이 눈이 내린 흔적이 보였다. 성안 잔디밭에 막 피어나기 시작한 보라색 크로커스 꽃송이에 아직 녹지 않은 눈이 살짝 얹혀 있었다. 비스와 강이 내려다보이는 오래된 성은 아름다웠다. 우리는 이제 덴마크로 돌아가기까지 하루의 일정만을 남겨 두고 있다. 아우슈비츠다.

나는 아우슈비츠에
또 갈 거야

저녁을 거르고 숙소에 몸져누웠다. 아우슈비츠 수용소가 있는 폴란드 오시비엥침(Oswiecim)에 다녀오자마자였다.

오시비엥침에는 수백만 명의 무고한 사람이 살해된 현장이 보존되어 있었다. 그들이 어떻게 끌려와서 생활했는지, 어떤 음식을 먹었고 어떤 옷을 입었는지 알 수 있다. 어떤 방에는 들고온 가방을 쌓아 놓은 산이, 다른 방에는 신발

산이 있고, 우리는 신발 더미 속에 보이는 분홍색 어린이 구두 앞에서 울음을 터트렸다. 그곳에서 하루를 보내고 늦은 오후 두 시간 넘게 버스를 타고 숙소로 돌아오는 길에 두통에 시달렸다. 밥을 먹을 수 있을 것 같지 않았다. 일행들 모두가 식사를 하러 빠져나간 숙소에 혼자 이불을 덮어쓰고 누워 있으니 다시 울음이 터져 나왔다. 잠들기가 두려웠다. 그곳은 인간이 다른 인간에게 끔찍한 짓을 저지른, 세상에서 가장 불행한 장소였다. 꿈에서 그 환영을 다시 볼까 두려웠다.

울다가 잠들어 다음 날 아침 눈을 떴을 때 이상하게도 머리가 맑았다. 뭐라 설명할 수 없는 새롭고 강렬한 감정이 올라왔다. 마치 내 몸에 어떤 힘이 들어온 것만 같았다. 수용소 입구에서 보았던 시의 한 구절이 떠올랐다.

당신을 통해 우리는 과거와 연결됩니다.
우리는 미래를 향한 당신의 희망입니다.
우리는 당신에게서 힘을 빌려 옵니다.
당신은 그런 우리를 믿어 줍니다.
당신은 우리에게 사랑하는 게 가능함을 보여 주었습니다.
당신이 겪은 그 모든 증오에도 불구하고 말이죠.
당신은 우리에게 용기와 힘을 줍니다.

우리가 불가능할 거라 생각했던 바로 그것을요.*

크라쿠프 공항을 출발해 코펜하겐으로 향하는 비행기가 하늘 높이 떠오르자 평평한 연초록 땅이 한없이 이어지는 곳을 지나 제법 뾰족한 산악 지대가 발아래에 펼쳐졌다. 나는 산이 많은 내 나라에 대한 향수에 잠겼다. 베를린에 도착한 날 저녁 체크포인트 찰리 근처의 식당에서 산 그림을 보았을 때 한동안 거기서 시선을 떼지 못했다. 산이 많은 곳에 태어나 자란 내가 이렇듯, 끝없이 펼쳐진 평평한 땅에 태어나 지평선을 보며 살던 사람들이 한국에 가면 평야에 대한 향수에 시달리겠지.

코펜하겐 공항에 내려 집으로 가는 기차를 탔다. 집이라는 말이 절로 나왔다. 기차가 코펜하겐 시내 중앙역에 정차했을 때 성 파트리치오 축일을 맞이해 초록색 옷을 입고 재미있는 분장을 한 사람들이 와자지껄 올라탔다. 살짝 취한 그들은 축제의 여흥이 가시지 않았는지 발그레한 얼굴로 가벼운 춤을 추기도 했다. 헬싱외르가 종점인 기차가 달리면서 정차할 때마다 초록색 사람들은 하나둘씩 내렸고, 어

* 아우슈비츠 입구에 전시된 마이클 리만(Michael Leeman)의 시. 그는 2008년에 열린 '생존자들의 행진(March of the Living)' 참여자였다. 그 밖에도 행진에 참가했던 많은 사람들의 사진과 글이 전시되어 있다.

느 역에서인가 우리가 아는 익숙한 얼굴이 기차에 올라탔다. 학생들은 반가움에 꺄악꺄악 환호하며 차례로 달려가 그를 안았다. 바로 우리 집을 든든하게 지키고 있는 소렌 교장 선생님이었다. 긴 반가움의 인사가 모두 끝나고 마침내 좌석에 앉은 선생님은 맞은편에 있는 내게 이번 여행에서 어느 도시가 가장 인상 깊었냐고 물었다. 반사적으로 튀어나온 답은 베를린이었다. 선생님은 대부분의 학생이 프라하를 꼽는다며 그 이유를 물었다.

"베를린의 거리는 언제나 제가 분단국가에서 왔음을 인식시켜 줬어요."

선생님은 대답을 듣고 잠시 생각하더니 물었다.

"아, 그렇구나. 언제쯤 통일이 될 것 같아?"

지금으로서는 예측하지 못하겠다고 말했다. 작년까지 앙헬 선생님과 함께 유럽 여행팀을 인솔하며 여러 번 아우슈비츠에 다녀왔다는 선생님에게 솔직하게 토로했다.

"소렌, 어떻게 아우슈비츠에 가고 또 갈 수 있어요? 저는 인생에 이번 한 번으로 충분해요. 감정적으로 감당할 자신이 없어요."

"물론 몇 번을 가도 힘든 곳이야. 고통이 심하면 심했지 덜해지지 않아. 그래도 만약 가족들과 함께 폴란드를 가게 된다면, 나는 아내와 아이들을 데리고 아우슈비츠에 또 갈 거야. 기억한다는 건 정말 중요한 일이야."

황금빛 맥주와
스노드롭

동네 주민들이 다운타운 노천카페에서 맥주잔을 기울이며 두런두런 이야기 나누는 모습이 보이기 시작한다. 아직 바람이 꽤 차고 공기가 쌀쌀하지만, 드물고 귀한 햇빛이 나는데 이 정도 추위쯤이야 아무렇지 않다는 태도다. 선글라스를 쓴 하얀 얼굴의 사람들이 둘러앉은 검은 테이블 위 맥주는 햇살을 받아 황금빛으로 빛난다. 맥주가 그렇게 찬란하게 반짝일 수 있다는 것을 나는 처음 알았다.

반짝이는 것은 맥주만이 아니다. 학교 잔디밭에도 꽃의 향연이 펼쳐지고 있다. 매너하우스 앞마당에는 노란색, 흰색, 보라색 전구 같은 크로커스 꽃망울이 매일 툭툭 터져 오른다. 지난 2월 처음으로 봄꽃을 발견했던 뒷마당 숲덤불 근처에는 키 작은 노랑 너도바람꽃이 만발했다. 하얀색 스노드롭은 아래를 향해 고개를 떨군 자태가 우아하고 기품이 있다.

부활절이 다가오고 있다. 덴마크에는 부활절에 스노드롭 꽃을 넣어 편지를 쓰는 풍습이 있다. 아이들은 무늬를 넣어 오린 종이에다 할아버지, 할머니, 삼촌, 이모 같은 가까운 어른들에게 편지를 쓴다. 편지의 끝에는 이름의 알파벳 글자 수만큼을 점으로 표시한다. 이름이 아나(Anna)라면 점 네 개를 찍는 식이다. 만약 편지를 받은 사람이 누가 썼는지 맞히지 못하면 달걀 모양의 초콜릿을 편지 쓴 사람에게 주어야 한다.

문득 편지를 쓰고 싶다는 생각이 든다. 편지를 쓸 여유가 이제야 생겼다. 책갈피에 넣어 말릴 생각으로 스노드롭 몇 송이를 꺾어 왔다. 책을 펴고 꽃을 뒤집으니 흰색 꽃잎 위에 살포시 수놓인 작은 연두색 하트 무늬가 눈에 들어온다. 누군가 몰래 숨겨 둔 사랑을 찾아낸 것처럼 가슴이 콩닥거린다.

선생님이 있어서
참 좋다

"나는 아프리카와 아시아의 빈곤 지역에서 프로젝트를 진행하는 연습을 학교에서 오랫동안 해 왔는데, 학교를 세우거나 직업 교육을 하려는 학생들은 많이 보았지만 농업에 접근하는 학생은 없었어. 내가 살아온 경험을 통틀어서 제일 중요한 것이 농사인데, 왜 학생들의 관심이 적은 걸까?"

"왜냐하면 농사는 섹시하지가 않잖아요."

덴마크 학생의 대답에 나를 포함해 교실의 몇몇이 웃음을 터뜨린다. 수업 시간에 나온 학생들의 이야기를 종합해 보면 직업으로서의 농사가 인기 없는 것은 유럽도 다르지 않은 듯하다.

오늘은 프로젝트 개발과 연습 수업을 마무리하는 날. 거트루드 선생님은 IPC에서 배우고 자기 나라에서 프로젝트를 실천에 옮긴 아프리카 학생의 이야기를 들려준다. 가나에서 온 그 학생은 수업 시간에 도통 뭘 쓰질 않았다. 알고 보니 읽고 쓸 줄 모르는 채로 학교에 온 것이었다. 그는 무척 똑똑한 사람이라 수업 시간에 선생님과 학생들이 하는 말을 다 기억해서 프로젝트를 해냈고, 학기가 끝날 때쯤에는 읽고 쓰기도 익혔다. 얼마 전 가나로 수학여행을 떠났던 팀은 그가 활동하는 현장을 보고 왔다.

마지막 수업에는 특별 손님이 있다. 지난 학기에 이곳에서 공부했고 지금은 덴마크의 한 NGO에서 일하는 청년이 아프리카 말라위에서 활동했던 경험을 들려주었다. 지역 사람들 속에 들어가 살면서 끈끈한 공동체를 만난 이야기다. 마지막에 그는 이렇게 덧붙였다.

"덴마크는 세상에서 가장 행복한 나라로 꼽히곤 하지만, 우리는 길에서 마주치는 동네 사람들과 인사를 하고 지

내지 않아요. 정신적으로 힘들거나 우울할 때는 상담사나 의사를 찾아가죠. 그런데 말라위에서는 공동체 안에서 서로 이야기를 들어 주고, 위로하고, 지지해 줍니다. 길에서 모르는 사람을 만나도 반갑게 인사를 해요. 우리는 그런 문화를 잃어 가는 것만 같아요."

특별 손님과의 대화가 계속되는 중에 데즈먼드 투투라는 이름이 나왔다. 거트루드 선생님이 데즈먼드 투투가 누구인지 다들 아느냐고 묻는다. 수업에서 어려운 단어나 내용이 나오면 선생님은 학생 중에서도 영어 사용이 가장 불편한 내가 이해했는지 확인하고 다시 설명해 주곤 한다. 때로 나는 모른다고 하기가 창피하고 미안해서 그냥 아는 척한 적도 있다. 이번에는 모른다고 솔직하게 말했다. 그러자 선생님은 데즈먼드 투투가 남아프리카 공화국의 인종분리 정책에 대항해 싸운 성공회 주교였다고 설명하며 아파르트헤이트에 대해서는 알고 있느냐고 묻는다. 나는 "그건 알아요." 하고 재빨리 대답했다.

듣고 말하기가 어느 정도 편안해진 지금 돌이켜 보면 지난 석 달을 어찌 견뎌 냈는지 모르겠다. 느린 학생으로서 수업을 받은 일은 교사로서든 학생으로서든 내가 겪은 최고의 교육적 경험이다.

선생님은 우리 팀을 바라보며 말했다.

"너희가 얼마나 고생을 했는지 알아. 쉽지 않은 일이었을 텐데 스스로 힘으로 문제를 풀어 나갔어. 참 잘 해냈다."

나는 선생님에게 "정말 의미 있는 수업이었어요."라고 짤막하게 말했다. 한국어로 할 수 있었다면 엄청나게 많은 말을 쏟아 냈을지도 모르지만 그냥 그렇게만 말씀드렸다. 이 세상에 선생님이 있다는 게 좋다. 한국으로 돌아가면 다시 교사를 하게 될지는 잘 모르겠지만, 지금은 오직 그것만을 알겠다.

우경화되는 유럽

2016년 3월 22일 브뤼셀 공항과 시내 지하철역에서 연쇄 폭탄 테러가 터져 30여 명의 사망자와 250여 명의 부상자가 발생했다. 벨기에 학생들이 적지 않은 학교 분위기는 침통하다. 벨기에 학생 중에는 가까운 친구가 부상을 당한 경우도 있다.

학생들은 거트루드 선생님이 진행하는 평화와 분쟁 수업 시간에서 브뤼셀 테러에 대해 이야기 나누고자 했다. 나는 이 수업의 수강생이 아니었지만 선생님 허락을 얻어 참관했다. 대부분의 수강생이 유럽 학생들이었는데, 이런 종류의 테러가 처음이 아니어서 그런지 테러의 배경은 다 알고 있는 분위기였다. 선생님은 학생들에게 이렇게 물었다.

"2015년 11월 파리 테러도, 같은 해 2월 코펜하겐에서 일어난 테러도 용의자가 유럽에서 태어난 이민 2세대들이야. 그들은 너희와 나이가 비슷하거나 몇 살 더 많아. 서유럽 복지 제도의 혜택을 입었고, 무상 교육을 받을 수 있어. 그래서 물질적 가난은 문제가 아니야. 왜 그들은 어린 나이에 과격 이슬람 무장 단체에 가담해서 폭탄 테러를 저지르게 되는 걸까."

학생들은 무슬림 이민 2세대들이 유럽에서 성장하면서 크나큰 좌절을 겪었을 거라고 대답했다. 브뤼셀에서 온 한 학생은 짧은 영상 한 편을 같이 보자고 즉석에서 제안했다. 벨기에에서 태어나 자란 중동계 이민 2세대의 자전적 다큐멘터리였다. 이민자의 자녀로 자란 한 청년이 주류 사회의 편견을 뚫고 자기가 하고 싶은 일을 찾아 나가는 이야기가 담긴 감각적인 영상이었다.

며칠 전 유럽의 이해 수업에서 앙헬 선생님은 아우슈비츠에 다녀온 경험이 어땠느냐고 물었다.

"감정적으로 무척 힘들었지만, 가는 곳마다 많은 학생들과 교사들이 치열하게 역사를 공부하고, 과거의 잘못을 잊지 않으려고 애쓰는 것이 인상적이었어요."

그러자 선생님은 단호하게 말했다.

"지금의 유럽에서 그런 사람들은 다수가 아니야. 각국 정부는 역사 과목이 생산적이지 않다면서 계속해서 줄이려고 하지. 지금 유럽은 우경화되는 추세야. 이대로 가다가는 이민자, 난민 문제와 관련해 무슨 일이 생길지 누구도 쉽게 예측할 수 없어."

유럽에 온 지 세 달째. 내가 알게 된 것은 지금 세계가 전쟁 중이라는 사실이다. 아우슈비츠에서 일어난 일을 인류가 멈추지 못했던 것처럼 지금 시리아에서, 유럽 한복판에서 일어나는 일을 우리는 멈추지 못하고 있다.

네가 아닌 다른 누군가가
되려고 애쓰지 마

"너의 '플란트'들은 잘 있니?"

"미안, 다시 말해 줄래?"

"너 의 플 란 트 들 은 잘 있 어?"

"미안해, 나 '플란트'가 뭔지 모르겠어."

"왜, 네가 키우는 꽃들 있잖아. 화분에 담겨 있고 잎은 초록색이고."

"아하, 플랜트! 아이고, 못 알아들어서 미안해."

"아니야, 내가 미안해."

처음 서배스천을 만났을 때 나의 그의 빠른 영국식 억양을 알아들을 수 없었다. 한국에서 BBC 뉴스를 그렇게 많이 들었지만 소용이 없었다. 그런데 지난 12주간의 학교 생활을 정리하고 산티아고 길을 걸으러 떠난다는 녀석과 이야기를 나누는데 신기하게도 모조리 다 들렸다. 몇 달 만에 영어가 엄청나게 늘었다기보다는, 서배스천이 이곳에서 원어민이 아닌 사람과 이야기할 때는 천천히 말해야 한다는 것을 배웠기 때문이다. 그리고 우리에게는 이제 둘 다 아는 추억과 이야깃거리가 있다.

나는 신들러 박물관에서 산 조그만 컵을 종이에 덕지덕지 싸서 서배스천에게 건네면서 이래 뵈도 중요한 것이니 학교를 떠나면 열어 보라고 했다. 편지에는 너는 가진 것이 많은 사람이니 이 세상의 수많은 힘없는 사람들을 살리는 일을 했으면 좋겠다고 썼다. 영어와 프랑스어에 능통한 백인 남자인 서배스천은 기후 행동을 열심히 하면서도 삶을 한껏 즐길 줄 아는 청년이다. 서배스천이 내게 써 준 편지는 떠나는 친구들을 위한 이별 파티가 한참인 자정의 커먼룸을 나와 방에 돌아와서 읽었다. 편지는 이렇게 끝나고 있었다.

혜선, 너 자신에 대해서 절대로 나쁘게 생각하지 말아. 너는 다정하고 다른 사람에게 영감을 줄 수 있는 사람이야. 그런

너 자신을 자랑스러워해야 해. 너와 함께 수업을 들으며 네 이야기를 들을 수 있어서 좋았어. 세상이 아무리 뭐라고 해도, 네가 아닌 다른 누군가가 되려고 애쓰지 마. 남편이나 애가 없어도 돼. 너는 너 자체로 멋진 사람이야. 계속 너 자신으로 살아!

언젠가 내가 한국에서 결혼하지 않은 여성으로서 불안정한 직업을 갖고 살아가는 어려움에 대해서 이야기한 적이 있는데, 그걸 기억하고 있었다. 덴마크에서 지내며 일상적 불안감이 많이 걷혔고, 한국에 돌아가면 뭐든 할 수 있다는 자신감이 생겨나고 있다. 하지만 가끔씩 꿈에서 한국으로 돌아간 나는 마흔이 넘었는데 취직도 못하고 곁에 아무도 없어서 혼자 울고 있곤 했다. 편지를 다 읽고 나서 서배스천이 나보다 성숙한 사람일지도 모르겠다고 생각했다. 이 친구가 온 세상에서는 아이들이 이런 말을 듣고 자라기 때문인 걸까.

한번은 거트루드 선생님 수업 시간에 유엔 이야기가 나왔다. 젊은 시절 유엔에서 일했던 선생님은 유엔이 세상에 실질적으로 보탬 되는 일을 많이 한다고 했다. 분단국가에서 태어나 세상을 삐딱하게 보는 데 익숙한 나는 선생님의 의견에 동의하지 않았다. 유엔은 오히려 불평등한 세계

질서를 유지하는 데 들러리 서는 거대한 시스템이 아닐까. 그날 나는 선생님과 약간 논쟁을 했는데, 수업이 끝나니 선생님에게 실례가 되는 말을 했던 건 아닐까 하는 불편한 느낌이 들었다. 이 이야기를 했더니 서배스천은 단호하게 말했다.

"아니야. 선생님은 자기와 다른 의견을 수업 시간에 표현하는 학생이 있다는 데에 감사해야 해."

서로가 서로를
책임진다

봄 학기 전반 12주를 머물다 떠나는 열 명 남짓한 학생들이 커다란 짐을 끌고 학교를 빠져나가자 커먼룸은 눈물바다가 되었다. 그런 가운데에서도 지난 12주를 돌아보는 평가회를 한다. 서너 학생이 조를 이루어 앉아 있는 테이블로 선생님과 학생조교가 평가 문항이 적힌 종이를 마치 레스토랑 메뉴판처럼 가져다준다. 학생들은 다과를 나누며 평가지에 적힌 각 문항에 대해 답하고, 한 사람이 서기를 맡아 커다란 종이에 기록한다. 첫 번째 평가지에는 이렇게 적혀 있다.

IPC에 오기 전 여러분은 아마도 자신과 주변 사람들에 대한 기대가 있었을 것입니다. 우리는 이 이야기로 시작해 보려 합니다. IPC에 오기 전의 생각과 느낌을 함께 이야기해 봅시다.

— 긴장이 되었나요? 무엇을 기대하고 있었나요?

— 이곳에 온 첫날 느낌이 어땠는지 기억하나요?

— 스스로에 대한 기대는 무엇이었나요? 그 기대는 채워졌나요?

— 동료 학생들에 대한 기대는 무엇이었나요? 그것은 채워졌나요?

— 선생님들에게는 무엇을 기대했나요? 지금 돌아보니 만족스러운가요?

— 학교 직원들에게는 무엇을 기대했나요? 그 기대는 채워졌나요?

생각해 봅시다.

— 당신의 기대는 공정한 거였을까요?

— 그 기대를 충족시키기 위해 스스로 무언가 해 보았나요?

나는 북유럽 신화 속 토르가 휘두르는 망치 묠니르에 얻어맞은 것처럼 정신이 번쩍 든다. 처음 학교에 왔을 때의 실망, 학교에 대해 가졌던 불만은 내가 품은 기대 때문이었다. 그들은 그 기대가 공정한 것이었냐고, 그리고 너는 무엇을 했느냐고 묻고 있다. 100년의 역사를 가진 덴마크 학교의 자신감이다. 학교가 일방적으로 학생에게 주는 것이 아니다. 학생이 일방적으로 학교에 주는 것도 아니다. 서로가 서로를 책임진다.

이렇게 시작한 평가는 수업, 시설, 직원들, 음식, 학생 활동, 사람들과의 어울림 등에 대해서 아주 구체적인 질문으로 이어진다. 학생들은 제한 없이 자유롭게 서로의 경험과 의견을 나누고 새로운 아이디어를 제안하기도 한다. 음식에 관한 평가지에는 이런 질문이 있다.

— 학교에서 주는 음식이 마음에 들었나요?

— 음식의 종류는 다양했나요? 양은 적당했나요?

— 제일 좋아한 음식은 무엇이었나요?

— 식사할 때 사람들과 이야기를 나누었나요?

— 항상 같은 사람들과 같은 테이블에 앉았나요?

— 식사를 마치고 치우는 일에 잘 참여했나요?

— 당신이 지금까지 살면서 가장 많은 사람을 위해서 밥을 해 본 것은 몇 명분이었나요?

— 매일 하루에 세 번 100명분의 식사를 준비하는 일이 어떤지 상상해 볼 수 있겠어요?

3

–

너도 울어 본 적
있니?

새로 온
학생들과 함께

드디어 내게 언니들이 생겼다. 봄 학기 후반 12주를 맞아 학
생 스물다섯 명이 새로 왔는데, 그중 일본과 한국에서 온 언
니뻘 되는 학생들이 있다. 우리는 모두 같은 기숙사 복도에
살게 되었다. 숨통이 트이는 기분이다.

새 학생들을 맞이한 학교는 후반 12주를 여는 활동을
개시했다. 콘택트 그룹별로 날달걀 하나, 사인펜 한 묶음,
빨대와 고무줄, 냅킨 몇 장, 풍선을 미션 재료로 받았다. 학
생들은 먼저 날달걀에 사인펜으로 담임 선생님의 얼굴을 그
린다. 나머지 재료를 자유롭게 이용해서 달걀을 2층 높이에
서 떨어뜨려도 깨지지 않도록 감싸야 한다.

앙헬스 그룹은 햇살이 쏟아지는 매너하우스 앞마당 벤
치에 앉아서 작업을 시작했다. 그림을 좋아하는 일본 친구

다쿠미는 달걀에 앙헬 선생님과 꼭 닮은 얼굴을 그린다. 적극적인 사람은 적극적인 대로, 조용한 사람은 조용한 대로 모두 머리를 싸매고 기여한 달걀 풍선이 완성되었다. 커먼룸 2층 발코니에서 풍선 날개를 단 달걀을 하나씩 차례로 떨어뜨릴 때마다 학생들은 응원의 함성을 지른다. 바닥에 착륙한 달걀의 냅킨 포장을 벗겨낼 때는 다들 숨죽이고 조마조마하게 지켜본다. 달걀이 온전한 팀은 환호성을, 달걀이 깨진 팀은 아쉬움의 탄성을 내뱉었다.

오늘 학교에 못 나온 앙헬 선생님은 자기 얼굴이 그려진 달걀이 깨졌는지 안 깨졌는지 궁금해서 메시지를 보내왔다. "얘들아, 나 살아남았어?"

숨겨진 작가와 함께하는
작문 수업

"저는 이야기를 꾸며 내는 것을 못 해요. 경험한 일을 똑 그대로 써요."

수요일 오전 글쓰기 수업. 내가 해온 작문 숙제를 두고 거트루드 선생님에게 이렇게 말했다.

"그래, 그렇다면 이 수업에서는 이제 이야기 만들어 내기에 도전해 보자. 작가에게는 그런 도전이 필요해. 너의 글을 다 읽었을 때 기분이 좋았어. 네가 써낼 한국 이야기들이 기대된다."

지난 일이월보다 마음이 한결 가볍다. 날이 길어져서 시계를 한 시간 앞으로 당기는 서머 타임이 3월 말에 시행되었는데 저녁까지 완전히 어두워지지 않는다. 후반 12주 동안에는 듣고 싶은 수업을 편하게 골랐다. 나는 거트루드 선생님과 차 선생님의 거의 모든 수업을 듣는다. 거트루드 선생님은 글쓰기와 텃밭 가꾸기, 세계화의 도전 수업을, 차 선생님은 이민학, 젠더와 개발, 아시아의 삶과 사상 수업을 개설했다.

지난주 글쓰기 수업 첫 시간에 거트루드 선생님은 직접 쓴 몇 권의 책을 보여 주었다. 젊은 시절 케냐의 나이로비에서 일할 때 아이들을 태우고 한두 시간씩 운전을 할 때면 이야기를 들려주곤 했다고 한다. 그렇게 탄생한 이야기를 글로 썼고 출판하게 되었다. 선생님은 여러 가지 아기자기한 물건들을 잔뜩 싸 와서 교실 테이블 위에 올려놓았다. 오래된 흑백 사진, 인형과 장난감, 낡은 책, 모형 같은 것들 중 하나를 골라서 들여다보고 이야기를 쓰는 것이 첫 번째 작문 숙제다. 나는 빨간 우체통 모형을 골랐다.

우체통

영원할 것 같았던 겨울이었어요. 부활절이 오기 전까지는 편지를 쓸 생각도 못했죠.

마당에 봄꽃이 만발한 어느 화창한 날, 스노드롭 몇 송이를 꺾어서 책갈피에 끼우고는 동네 도서관 창가에 자리를 잡고 앉았어요.

유리창 너머로 보이는 외레순 해협의 고요하고 푸른 물결 위로 스웨덴행 배들이 왔다가 떠나고 바닷가 철로에 코펜하겐행 기차들이 왔다 가는 걸 한참을 멍하니 바라보다가 옛 친구에게 편지를 쓰기 시작했어요.

"정말 긴 겨울이었어. 이제야 좀 숨을 쉴 수 있을 것 같아."

저녁에 집으로 돌아와 말린 스노드롭 몇송이를 편지 봉투에 넣었어요. 가느다란 봄비가 부슬부슬 내리고 있었죠. 순한 빗줄기를 뚫고 마당을 가로질러 길가 우체통으로 뛰어갔어요. 희미한 가로등 불빛 아래에서 손을 더듬어 편지 넣는 곳을 찾았죠. 곧 우체통 바닥으로 사뿐히 편지 내려앉는 소리가 들렸습니다.

이제 내 편지가 여행을 떠날 차례입니다. 편지는 내가 왔던 길을 거슬러 유럽 대륙과 중앙아시아를 지나 한국으로 가겠지요. 긴 여행을 앞둔 편지는 휴식이 필요합니다. 오늘 밤 이

빨간 지붕 아래에서 푹 잠들기를. 문득 비가 그친 것 같아 하늘을 올려다보니 반짝이는 보름달이 우리를 내려다보고 있네요.

이렇게 쓴 글을 선생님에게 이메일로 보냈다. 선생님은 작문 숙제 중 몇 편을 출력해서 수업 이틀 전 학생들에게 나누어 주었다. 미리 읽어 와서 함께 이야기하기 위해서다. 수강생 중에 영어가 모국어인 사람은 아무도 없고 선생님도 그렇지만, 부족하고 어설프더라도 함께 소통할 수 있는 언어로 이야기를 써내고 삶을 공유하는 시간이다.

일주일에 한 번인 글쓰기 수업은 언제나 자유로운 글쓰기로 시작한다. 10분 동안 손에서 펜을 떼지 않고 마음속에 떠오르는 것들을 아무런 검열 없이 종이에 써 내려간다. 그다음에는 학생들이 해 온 관찰 숙제를 나누는 차례다. 지난 일주일간 만난 수많은 삶의 풍경 중에서 인상적인 장면 하나를 유심히 바라보았다가 있는 그대로 푸는 것이다. 이런 관찰은 글을 쓸 때 좋은 재료가 될 수 있다. 학생들이 숙제로 써낸 글에 대해 토의할 때는 서로의 느낌을 나누고, 공감하고, 어떻게 하면 글이 더 좋아질 수 있을까에 초점을 맞춘다. 날카로운 비판과 지적보다는 삶의 이야기를 듣는 시간이 되곤 한다. 한번은 한국 학생이 「스님이 되고 싶은데 부모의 반대로 그러지 못하고 무기력하게 동네 도서관을 다니는 청년의 이야기」를 써 왔다. 거트루드 선생님은 이렇게 말했다.

"스님이 되고 싶으면 스님을 하면 되잖아. 왜 이러는지 이해할 수가 없어."

순간 교실에 있던 한국 학생들은 와하하 웃음을 터뜨렸다. 한국 사회에서 출가는 부모님에게 환영받는 일은 아니라고 덧붙였다. 그러자 독일 학생이 유럽에서는 불교 승려로 출가하는 것이 쿨하고 세련된 인생을 선택하는 걸로 여겨진다고 했다. 오히려 가톨릭 수사나 수녀가 되겠다고 하면 사회에 적응을 못해서가 아닌가 하는 시선으로 본다. 한국 불교와 유럽 불교의 색깔이 다른 것이 틀림없다. 거트루드 선생님이 이야기를 계속했다.

"그리고 이 학생이 무기력하다는 표현에도 동의할 수 없어. 도서관을 다닌다는 건 무언가 생산적인 일을 하고 있다는 거야."

"아녜요, 선생님이 한국 도서관이 어떤 곳인지 몰라서 그래요. 한국에서는 학교를 졸업하고도 취업을 못 했을 때 시험 준비하러 가는 곳이 도서관이에요."

이렇게 90분을 보내다 보면 휴식 시간이 된다. 우리는 커먼룸에 가서 차를 마시고, 이슬이 말라 가는 잔디밭을 산책한다. 잔디밭에는 키 작은 하얀색 데이지가 앞다투어 피어나고 있다. 꿈같은 쉬는 시간이 끝나면 이번 주 글쓰기 주제가 주어진다. 6번 교실 둥근 테이블에 앉아 곰곰 생각에 잠기거나 글을 쓰는 사이 선생님은 옆 교실에 머물면서 학생 한 명 한 명을 불러 작문 숙제에 의견을 준다. 수업 시간에는 모든 학생의 글에 대해서 이야기 나눌 시간이 부족하기 때문이다.

글쓰기 수업을 듣는 우리는 이렇게 감미롭고 따뜻한 수요일 오전을 사랑하기 시작했다. 선생님이 수업을 진행하는 방법이 내가 작은학교에서 중학교 학생들과 함께했던 글쓰기 수업과 꽤 비슷하다는 점이 신기하다. 내가 틀리지 않았다는 안도감이 든다.

세월호를
기억하며

그 꽃의 이름은 글로리 오브 더 스노우라고 한다. 매너하우스 뒷편 숲덤불에서 새로 피어나기 시작한 꽃을 얼핏 보고는 블루벨인가 했는데, 연보라색 꽃송이가 가느다란 꽃잎 여섯 장을 별 모양으로 활짝 벌리고 있는 모습이 블루벨과는 다르다. 아직 마른 갈색 낙엽이 뒤덮고 있는 땅 위로 초

봄에 쌓인 눈처럼 소복하게 피어난 '눈의 영광' 꽃송이들 틈으로 연자주빛 현호색과 제비꽃도 보인다. 도로와 맞닿은 학교 울타리 안쪽 키 큰 나무들이 서 있는 자리에 초록빛이 뭉글뭉글 번지고 있다. 그 초록빛 양탄자 위에서 새하얀 꽃들이 점묘화처럼 피어난다. 하늘하늘한 둥근 꽃잎 여섯 장이 청초하게 벌어진 꽃은 숲바람꽃이라고 한다.

IPC 정원에 봄꽃들이 화사하게 피어날 때 한국에서 온 학생들은 밤늦게 기숙사방에 모여 앉아 노란 실을 짜고 배를 접었다. 새벽까지 잠 못 자고 발표 준비를 했다. 차 선생님이 전체 아침 모임에서 세월호 2주기를 추모할 수 있는 시간을 마련한 것이다. 지난 3월에는 후쿠시마 원전 사고 이야기와 일본 학생들의 경험을 듣는 시간이 있었다.

우리는 한국에서 작은학교 학부모님이 정성스럽게 보내 주신 노란 리본과 팔찌를 한 아름 들고 강당으로 갔다. 그리고 준비한 이야기를 했다. 지구 곳곳에서 온 학생들과 선생님들은 눈물 흘리며 우리의 이야기를 들었다. 친구들은 노란 팔찌와 리본을 받아들고, 함께 기억하겠다면서 오래오래 우리를 안아 주었다.

불완전한 개인들이 이루는
공동체의 행복

아시아의 삶과 사상 시간. 차 선생님이 전체 수업 개요를 설명하고 있는데 4월에 새로 온 일본 학생 마사토가 계속 질문했다. 나는 그의 발음을 잘 알아들을 수 없었고, 수업의 흐름과 관계없는 질문도 있어서 살짝 거슬린다고 생각했다. 그런데 코펜하겐에서 대학을 다니다 온 덴마크 학생 아스트리드는 마사토의 질문에 열심히 대답하고 반응해 주었다. 아스트리드는 마사토가 관심 있는 주제를 같이 공부하고 발표하겠다고 자원했다.

차 선생님은 학기가 시작되면 수업 첫 시간에 계획표를 나누어 주는데, 학생들이 혼자 또는 팀을 이루어 최소 한 번 이상은 특정 주제에 대해 발표하도록 이끈다. 이 수업을 듣는 유일한 한국인인 나에게는 일본 친구들과 한 팀으로 한일 역사 교과서 문제와 위안부 문제에 대해 조사하고 발표하는 막중한 임무가 주어져 있다.

그러다 우연히 커먼룸 테이블에서 마사토와 마주 앉게 되었다. 가벼운 일상적 얘기들을 툭툭 주고받다가 마사토는 주저주저 자기 이야기를 꺼냈다. 그에게는 자폐 스펙트럼 중 하나인 아스퍼거 증후군이 있다고 했다. 매일 약을 먹고 있고 몸이 힘든 순간도 많지만, 그래도 IPC가 무척 오고 싶은 곳이었기에 하루하루 열심히 보내려 애쓴다고. 머리가 멍해지면서 마사토를 돌보던 아스트리드가 떠올랐다. 나는 대안학교에서 교사를 하다 왔는데, 스물몇 살짜리 덴마크 학생이 할 수 있었던 일을 왜 못했을까. 수업 시간에 나는 그래야만 수업에 충실한 것인 줄 알고 선생님이 하는 말을 알아들으려고만 애썼다. 선생님 말을 끊고 들어오는 학생이 방해자처럼 느껴졌다. 그런데 아스트리드는 달랐다. 선생님과 학생들을 함께 보았고 수업이 매끄럽게 돌아가도록 기름칠을 했다.

지난달 베를린으로 수학여행을 갔을 때 기차역에서 자꾸만 뒤처지는 나를 살피던 프레데릭이 떠올랐다. 아스트리드와 프레데릭만이 아니라 이번 학기에 함께 공부하는 열 명 남짓한 덴마크 학생들 중에는 안정되고 차분하며 배려심 깊은 친구가 많다. 평생 한국에서 만나 본 사람 중에 애 어른을 막론하고 이런 성정을 가진 사람은 열 손가락 안에 꼽을 것 같다. 물론 모두가 다 그런 건 아니지만, 덴마크 친구들에게서는 그닥 큰 그늘이 느껴지지 않는다. 한국인에게 익숙한 한 같은 것이 없어 보이고 때로는 불혹을 앞둔 나보다 어른스럽다. 세파에 찌들어 각박해진 어른이 아니라 약자를 배려하는 여유와 관대함을 갖춘 어른. 안정되고 성숙한 사회는 이렇게 사람을 키워 내는 걸까.

길을 떠나온 목적이 스승을 찾는 것이었다면 나는 지금 이곳에서 만족한다는 느낌이 몰려든다. 선생님인 동시에 몇 권의 책을 낸 소설가로 살아가고 있는 사람, 교장 선생님이면서 여전히 무대에 가수로 서는 사람, 일 년의 반은 네팔, 인도에서 수행자로 살다가 나머지 반은 덴마크에서 명상을 가르치는 사람, 수업할 때는 한없이 진지하다가도 망가질 때는 보는 사람 창피할 정도로 몸을 던져 학생들을 웃기는 사람, 나보다 스무 살이 어린 관대한 어른들. 나의 배움은 이들의 일상을 옆에서 볼 수 있다는 것이다. 세상에서 가장 행복한 나라에 태어나 어릴 때부터 사랑을 많이 받으며 성숙한 성인으로 자라도 역시 인간이라 때로는 얼굴이 굳어지고, 감정 기복이 드러나고, 걸음걸이에서 허무감이 느껴지기도 하는 불완전한 한 사람을 매일 밥 먹으면서 옆에서 볼 수 있다.

히사코 언니와
시니어 클럽

안데르센이 좋아서, 안데르센의 책을 원서로 읽고 싶어서 일본에서 덴마크어를 공부했다는 히사코. 일본어 번역본으로 안데르센 동화를 읽었을 때는 그냥 좀 슬펐는데, 마침내 덴마크어로 읽게 되었을 때는 다 읽은 후에 눈물이 났다고 한다. 히사코는 일본에서 고전 문학을 전공하고 학생들에게 문학을 가르쳤다. 학생과 학부모에게 시달리는 것이 힘들어 교사 생활을 접고 은행 일을 했다. 감수성이 풍부한 히사코는 우리가 세월호 이야기를 할 때 꼭 기억하겠다고 하면서 손수건을 쥐고 엉엉 울었다.

히사코와 나는 남극 복도라는 이름의 기숙사에 산다. IPC 기숙사는 전 세계 대륙의 이름을 딴 복도로 나뉘어 있다. 남극 복도는 커먼룸과 식당, 파티룸에서 멀리 떨어져 꽤 조용한 곳이다. 그래서인지 나이가 좀 있는 시니어 학생들, 나이는 어리지만 조용하게 혼자 있기 좋아하는 학생들이 남극 복도 소속 방의 입주자다.

날이 조금씩 따뜻해지자 남극 복도 거주자들은 함께 산책을 다니며 꽃구경을 시작했다. 어쩌다 보니 우리는 스스로를 시니어 그룹이라고 부르기 시작했는데, 히사코는 함께 산책을 다니면서도 한사코 시니어라는 말을 거부했다. 자신은 시니어가 아니라고, 만약 시니어라고 생각했다면 덴마크에 오지 않았을 거라는 히사코에게는 언젠가 덴마크 대학에서 덴마크 문학을 공부하고 싶다는 꿈이 있다. 학교에서도 덴마크인들과 있을 때는 영어 대신 꼭 덴마크어로 이야기한다. 나는 영어 하나만으로도 버거워 덴마크어는 배울 생각 조차 하지 않는데, 히사코는 마흔이 넘은 나이에 새로운 언 어를 공부하기 시작해서 마침내 책을 읽어 내게 되었다. 학 교에 큰 파티가 있는 날에는 기모노를 곱게 차려입고 조그 만 일본식 부채를 한 손에 쥐고 조근조근한 춤사위로 어울 리기도 한다.

오후에 헬싱외르 도서관의 셰익스피어 특별전 'To be or not to be'의 무료 영어 가이드 투어에 갔다. 2016년 4월 23일, 바로 윌리엄 셰익스피어가 세상을 떠난 지 400년 되 는 날이다. 소렌 교장 선생님이 알려 준 가이드 투어에 관심 을 가지고 토요일 오후 도서관에 나타난 건 시니어 그룹 멤 버들뿐이었다. 아내와 함께 온 교장 선생님과 도서관 로비 에서 만나서 3층까지 이어진 전시를 관람했다. 지난겨울 혼 자 와서 보곤 했던 전시를 가이드의 안내에 따라 사람들과 이야기 나누며 보니 숨통이 트이는 기분이었다. 특별히 눈 길을 사로잡은 것은 '오필리아의 식물 표본집'이라는 전시물 이었다. 오필리아가 「햄릿」에서 언급한 다양한 꽃과 식물의 표본이었다. 로즈마리 같은 허브류 표본 아래에 덴마크어로 설명이 표기되어 읽을 수는 없었지만 예쁜 꽃들에 감탄하고 또 감탄했다.

돌아오는 길에 히사코는 꽃을 좋아하는 나를 오필리아

라고 부르기 시작했다. 그리고 우리 복도의 이름을 추운 남극 복도 대신 오필리아 복도라고 부르자고 제안했다. 옆에 있던 다른 시니어 그룹 멤버가 그럼 우리 복도 담당 선생님은 거트루드 선생님으로 하자고 맞받았다. 그 역시 「햄릿」에 나오는 인물이니까. 실제로 복도 담당 선생님 같은 것은 없지만 이런 이야기를 나누면서 우리는 깔깔거렸다.

퍼머컬처 농장과
율리 선생님

농장 주인은 전문가다. 우리가 컵에 담아 간 흙을 보여 주며 학교 밭에 관해 설명하니, 그 자리에서 연필로 쓱싹쓱싹 밭 모양을 디자인한다. 어디에 어떤 두둑을 만들고 무엇을 심으면 좋을지, 물길을 어디로 내면 좋을지도 알려 준다. 평생 농사짓는 부모님 아래에서 자랐고, 귀농 귀촌의 메카라 불리는 남원 산내면에서 살았던 내가 보기에 이 덴마크 농장 주인은 이제껏 본 적이 없는 스타일의 농사꾼이다. 묘목상까지 겸하고 있는 농장 주인은 외국 여러 나라의 농장에서 오랜 경험을 쌓았다는 중년 여성이다.

오늘 방문한 이 농장으로 주말 수업을 들으러 온 적이 있다는 거트루드 선생님은 올해로 15년째 근무하고 있는

IPC에서 이번 학기에 처음으로 텃밭 수업을 열었다. 기후 변화를 비롯해 지구상에 일어나는 많은 문제를 해결하는 길이 농사에 있다는 걸 깨닫게 된 후로 드디어 시작하게 되었다고 기뻐하신다.

아직 쌀쌀하던 4월 초 우리는 교장 선생님 사택 뒤에 있는 밭에서 외래종 식물을 뽑아내는 일부터 시작했다. 일본 화산 지대에서 자라던 호장근이라는 식물인데, 유럽 식물원에서 관상용으로 들여왔다가 씨앗이 전 유럽으로 퍼져서 지금은 골칫거리다. 화산 지대에서는 조그맣게 자랐지만 유럽의 토양에서는 너무도 잘 자라서 다른 식물들이 자랄 땅까지 잠식한다. 삽을 들고 작은 죽순처럼 생긴 싹이 올라온 곳을 파 보니 다년생인 호장근 뿌리가 나무뿌리처럼 굵고 단단하게 박혀 있었다. 결국 톱을 들고 와서 온 힘으로 잘라 내며 뽑아야 했다. 이웃집 담 너머까지 뿌리가 퍼져 있지만 밭을 만들려면 최대한 많이 뽑아내야 했다. 거트루드 선생님은 쌀쌀한 날씨에 두꺼운 외투를 입고 커다란 뿌리와 씨름하고 있는 우리를 보며 껄껄 웃었다.

"마치 전쟁터에 나온 사람들 같다."

거트루드 선생님은 환경과 음악을 가르치는 율리 선생님과 함께 IPC 밭을 지속 가능한 농법이자 삶의 철학인 퍼머컬처(permaculture) 방식으로 만들 계획을 세웠다. 몇 시간에 걸친 작업 끝에 외래종 식물 뿌리가 어느 정도 제거되자, 묘목도 살 겸 토요일 아침에 퍼머컬처 농장으로 견학을 온 것이다. 우리는 주말 오전의 외출에 신나고 들떴다.

농장에는 다양한 묘목이 가득하다. 교육장으로 쓰이는 실내 건물에는 주인이 직접 그린 그림이 여러 점 걸려 있다. 나뭇가지로 만든 장식품과 드림캐처도 있어서 꼭 한국 교외에 있는 농장 겸 카페에 온 듯하다. 학생들 중 누군가가 나중에 나이가 들면 이런 공간을 갖고 싶다고 한다. 덴마크에 퍼머컬처를 보급하는 데 힘을 쏟고 있다는 농장 주인을 보며 나는 새로운 세계를 만난 기분이다. 그는 학교 밭에 두둑 서너 개를 만들라고 제안했다. 하나는 돌을 달팽이 모양으로 쌓아 올린 허브 스파이럴이다. 맨 위에는 물을 적게 먹는 허브를 심고 아래로 내려갈수록 물이 많이 필요한 허브를 심기 좋은 구조다. 이렇게 두둑을 만들면 모양이 예쁘고 좁은 공간을 잘 활용할 수 있을 뿐 아니라 박하같이 번식력 좋은 허브가 너무 번지는 것을 막을 수 있다. 또 다른 두둑은 휘겔쿨투어로, 마른 나무토막과 가지를 쌓고 그 위에 퇴비와 흙을 덮어 식물을 심는 방식이다. 나무가 부식되면서 영양분을 공급하고 수분을 유지해서 식물이 빠르게 잘 자랄 수 있다.

밭에 심을 묘목과 허브로 블루베리, 하니베리, 아로니

아, 키위나무, 박하, 레몬타임, 캄프리, 손으로 비비면 코카 콜라 향이 나는 식물 등을 한 리어카쯤 샀다. 묘목이 거트루드 선생님 차를 한가득 채웠다. 자전거를 타고 돌아오는 길에는 내내 흐리던 하늘에서 햇볕이 쨍하고 났다. 누군가는 학교에 온 이래 오늘이 제일 재미있었다고 한다. 헝가리에서 온 친구는 IPC를 마치고 돌아가면 부다페스트에서 꽃집을 열고 싶다고 한다. 또 누구는 코펜하겐에 놀러 가면 덴마크 남자친구를 만들고 싶다고 한다. 그러자 함께 있던 율리 선생님이 말한다.

"덴마크 남자라고 해서 특별할 건 없어."

"율리 선생님 남자친구만 빼고?"

"맞아."

율리 선생님은 여름에 출산을 앞두고 있다. 한 일본 학생이 결혼하지 않고서 아이를 낳는 것에 대해 부모님은 어떻게 생각하느냐고 묻는다. 율리 선생님이 대답한다.

"할머니 된다고 엄청 좋아하셔."

아프리카로부터 1:
말라이카

말라이카, 나의 천사, 나 그대를 사랑하오

말라이카, 나의 천사, 나 그대를 사랑하오

아무것도 가진 게 없지만

나의 천사 그대와 결혼하고 싶소

아무것도 가진 게 없지만

나의 천사 그대와 결혼하고 싶소

「말라이카」는 스와힐리어로 된 가장 유명한 노래다. 사랑하는 사람을 떠나보내는 가난한 목동의 노래로 동아프리카 탄자니아와 케냐 등지에서 널리 불린다. 지참금이나 가축이 없어 결혼을 할 수 없는 청년은 애타게 말라이카만 불렀다고 한다.

아프리카 문화의 밤이 열렸다. 탄자니아에서 온 메리가 무대 앞에서 소렌 선생님의 반주로 이 노래를 부를 때 나는 카메라를 꺼내지 않았다. 녹음도 하지 않았다. 이 순간이 내 인생에 단 한 번이며 동시에 영원할 것임을 알았다. 메리는 당당하고 자신감 넘쳤다. 세상이 여자들에게 요구하는 미의 기준 앞에서 주눅 들지 않았다. 나는 살면서 이렇게 당당한 여성을 본 적이 없다. 곧 출산을 앞두고 있는 메리는 배 속의 아기 그리고 아프리카에서 온 다른 몇 친구들과 함께 오늘 행사를 준비했다.

아프리카 친구들은 철학적인 소극으로 무대를 열었다.

가나에서 온 학생이 노인처럼 지팡이를 짚고 절뚝거리는 연기를 하며 이렇게 말했다.

"난 평생 무언가를 찾아 헤맸어. 그러다 이 먼 곳까지 왔지. 내가 찾아다닌 것은 바로 사랑이었어."

아프리카 친구들은 타고난 춤꾼이기도 했다. 춤에서 역동하는 생명의 기운이 물컹거렸다. 그 춤은 사진이 아니라 폭발할 듯 꿈틀거리는 에너지의 형태로 내 안에 저장되었다.

아프리카로부터 2:
토크 타운

참 반짝이는 사람이다. 그가 입고 있는 우아한 빨간 드레스도 마음에 들어서 보는 내내 감탄이 나온다. 열정이 넘치는 나이지리아 여성 인권 운동가가 강한 아프리카 억양으로 쏟아 내는 말을 다 알아들을 수는 없지만, 지금 무척 절박한 상황이라는 것은 확실히 알 수 있다. 이야기를 하는 내내 그는 단 한순간도 자신감을 잃지 않는다. 탄자니아에서 온 메리처럼 당당하고 대담하다.

코펜하겐 중앙역 뒷골목에서 열린 콘퍼런스 토크 타운. 2014년 나이지리아에서 이슬람 무장 단체 보코하람이 납치

한 여성 200명을 구하는 투쟁을 이끌었던 연사가 풀어놓는 비극적인 이야기는 듣는 이의 가슴을 미어지게 한다. 강연이 끝날 때쯤 객석에 있던 한 덴마크인이 묻는다.

"그런데 당신은 안전한가요? 큰 위험을 감수하면서 공개적으로 활동하고 있잖아요."

그는 망설임 없이 대답한다.

"뭐, 우리는 모두 언젠가 죽잖아요. 목소리를 내서 이 일을 알리는 건 지금 정말로 중요한 일이에요."

함께 갔던 사쿠라와 나는 강연이 끝나고 길게 선 줄에서 오래 기다렸다가 그를 안아 주었다. 아니, 그가 우리를 안아 주었다고 하는 것이 맞을 거다.

토크 타운은 해마다 열리는 행사다. 지금은 아무도 사용하지는 않는 듯한 중앙역 뒤 창고 건물 같은 곳이 강연장이다. 야외에는 밴드 공연이 펼쳐지는 간이 무대와 천막 부스, 카페도 있다. 한쪽에는 코펜하겐 어디를 가나 흔히 볼 수 있는 풍경인 자전거 주차장이 있다.

페미니즘이 주제인 올해의 토크 타운 팸플릿을 들고 여러 부스와 강연장을 기웃거렸다. 특히 아프리카 페미니즘을 주제로 한 강연이 많다. 해외에서 초청된 사람들의 강연은 통역 없이 영어로 진행된다. 덴마크 사람들끼리만 하는 어떤 부스에 나도 참여해도 되느냐고 영어로 물어보았더니 "그럼 영어로 진행해야겠네요." 하고 아무렇지도 않게 대답한다. 결국 나는 "아니에요, 저기 공연을 볼래요." 하고 나왔는데, 큰 어려움 없이 영어를 하는 이 나라 사람들이 꽤 부러웠다. 덴마크 사람들은 자기네 나라만이 아니라 아프리카와 중동 같은 세계에서 일어나는 일들에 관심의 끈을 놓지 않고 있다. 중동과 아프리카에서 유럽으로 난민이 쏟아져 들어오고 있어서이기도 할 것이다. 덴마크 사람들은 이렇게 세계와 끊임없이 토론하며 공동체를 새롭게 구성하고 있다.

사쿠라와 나는 기차를 타고 헬싱외르로 돌아오는 길에 고향과 가족에 관한 긴 이야기를 나누었다. 친구는 시골을 좋아하는 자기 엄마와 내가 잘 통할 것 같다고 한다. 저녁 공기가 서늘했지만 기차 안은 따뜻했고, 우리는 완전히 어두워져서야 학교에 도착했다. 현관문을 열고 커먼룸으로 들어서자 실내의 따뜻한 온기와 소파에 앉아 수다를 떠는 사람들의 두런거림이 집에 왔다는 안도감을 준다.

밭을 만들 때는
무리하지 않기

본격적인 퍼머컬처 밭 만들기가 시작되었다. 먼저 교실에서 밭을 어떤 모양으로 만들지 정하고, 앞으로 만들 두둑에 대해서 공부한 다음 밭으로 나갔다. 땅을 팔 사람, 숲에 가서 신선한 흙을 퍼 올 사람, 마른 나뭇가지를 주워 올 사람, 퇴비를 날라 올 사람, 허브 스파이럴에 필요한 돌을 구해 올 사람으로 역할 분담을 했다.

학생들은 신이 나서 몸을 움직인다. 교실 수업과 학교 생활에 별다른 흥미를 보이지 않던 한 학생도 삽을 들고 땅을 일구는 일에는 열심이다. 밭에서 일하며 그 어느 때보다 다른 학생들과 부드럽게 어울려 간다. 그러면서 표정이 점점 밝아진다.

휘겔쿨투어 두둑을 만들 자리가 준비되자 숲에서 주워 온 마른 나뭇가지를 가득 쌓고 그 위에 퇴비와 흙을 덮었다. 여기에는 아로니아와 하니베리처럼 열매가 달리는 작은 나무를 심고 아래에 딸기를 심을 예정이다. 포도나무 한 그루가 자라는 밭 오른쪽 유리 온실에는 토마토 모종이 뿌리를 내릴 것이다. 밭 왼쪽에는 태어나서 처음 보는 루바브 한 그루가 넓은 잎을 피워 올리고 있다.

아무도 한꺼번에 일을 다 끝낼 생각은 없어 보인다. 오늘 할 수 있는 만큼만 천천히 한다. 당연히 두둑 만들기는 끝내지 못했고, 아직 심지 못한 묘목 화분은 밭에 그대로 둔 채 수업을 마쳤다. 사실 좀 충격이었다. 나는 시간을 연장하거나 무리해서라도 오늘 두둑을 다 만들고 묘목을 심어야 한다고 생각했다. 지금까지 내가 살아온 환경에서는 그랬다. 그게 일을 깔끔하게 하는 것 아닌가? 하지만 여기에서는 아무도 그러지 않는다. 수업을 마칠 시간이 되자 콧노래를 부르며 장갑과 농기구에 묻은 흙을 털어 창고에 넣고 빨간 튤립이 만발한 담장을 지나 유유히 기숙사로 향한다.

내 친구의 고향
알레포

언젠가 먼 미래에 우리는 이 순간을 그리워할까? 어쩌면 우리의 자식과 손주에게 이런 이야기를 들려주게 될까?

"내가 젊었을 때 덴마크에 있는 IPC라는 학교에 다녔지. 어느 화창한 5월 저녁 학교 식당에서 밥을 먹고 나서 1번 교실에 모였어.

오키나와에서, 베트남에서, 한국에서, 시리아에서 온 우리는 커다란 종이에 빨간색 물감으로 칠한 후 그 위에 흰색 물감을 듬뿍 묻혀 글자를 썼어. '시리아를 구해 주세요. 알레포를 구해 주세요.'라고. 한 친구는 맨발로 둥근 테이블에 올라가 커다란 붓을 들고 글자를 썼고, 또 다른 친구들은 완성된 종이 플래카드를 양쪽에서 잡고 천천히 흔들어 바람에 말렸지. 어째서 시리아에 전쟁이 났는지, 그렇게 많은 사람이 죽어 나가고 있는데 왜 폭격이 멈추지 않는지, 수많은 세력이 얽힌 그 복잡한 이야기를 이해할 수 없었지만, 그래도 우리는 무언가를 하고만 싶었어."

이런 이야기를 아이들에게 들려줄 때쯤이면 전쟁은 이제 끝이 났을 테고, 벌써 오래전에 끝이 나 있어야 하고, 어쩌면 우리는 친구의 고향인 아름다운 알레포에서 작은 동창회를 할 수 있을지도 모른다.

할 수 있는 일이 별로 없지만, 그래도 우리가 만든 플래카드를 들고 학생들, 선생님들과 사진을 찍어 학교 SNS 계정에 올리며 평화를 염원하는 행동을 할 수 있는 것만으로 작게 숨을 쉴 수 있다. 그건 우리와 함께 살고 있는 히바가 하고 싶어 하는 일이니까. 적어도 나는 몇 년 전 한국에서 수백만 명이 죽어 나가는 시리아 내전 기사를 혼자 보고 있을 때만큼 무기력하지는 않다.

나를 피해
도망칠 수 있는 곳은 없다

며칠간 아팠다. 나는 대놓고 아프다고 한국에 전화를 했다. 지리산에 있었으면 자연의학을 잘 아는 선생님들을 찾아가침을 맞거나 뜸을 떴을 것이다. 통증이 있는 부위는 위인 것 같고, 아파서 자다 깨다 하다가 손을 따고 죽엽을 녹여 먹으며 하루 단식을 했다. 양쪽 옆방에 있는 시니어 클럽 친구들이 등을 두드려 주고 마사지해 주었다. 나는 통증의 이유를 알고 있었다. 내 모난 성품에서 기인하는 관계의 어려움 때문이었다. 이런 것을 피해 도망칠 데가 있을까? 없다. 나를 피해 도망칠 수 있는 곳은 그 어디에도 없다.

통증이 좀 가라앉자 채소 몇 조각을 천천히 먹고, 걸어서 동네 교회에 갔다. 예배당에는 비어 있는 자리가 훨씬 많다. 그나마 채워진 자리에는 거의 머리가 하얀 할머니, 할아버지다. 덴마크어 예배를 하나도 알아듣지 못하지만 그저 긴장을 풀고 앉아 있다 오는 시간이 좋다. 동네 할아버지, 할머니는 내가 말을 걸지 않는 한 결코 먼저 말을 시키지 않기에 나는 온전한 침묵 속에서 한 시간을 보내다 올 수 있다.

어떤 날은 남자 목사님이, 어떤 날은 여자 목사님이 설교를 한다. 모두 그룬트비 초상화에서 본 하얀 주름 칼라 달린 검고 큰 예복을 입고 있다. 덴마크어 특유의 낮게 깔리는 음성으로 진행되는 예배가 지루해질 때쯤이면 오르간 연주가 시작된다. 단 네 명으로 구성된 성가대가 아름다운 노래를 부른다. 곧 사람들은 목사님이 설교를 하던 연단 앞으로 차례차례 나가 무릎을 꿇고 밀떡과 포도주를 받는다. 한국

성당의 성체성사와 비슷하다. 교회 직원에게 물어보니 특별한 절차를 거치지 않아도 누구나 성체성사를 할 수 있다고 한다. 나는 할머니들 뒤를 따라 나가서 같이 연단에 무릎을 대고 앉았다. 연단 위 긴 탁자에 작은 포도주 잔들이 놓여 있다. 포도주 병을 든 목사님이 다가오면 잔을 들어 올려 성혈을 받는다. 한번은 목사님이 내가 잔을 들고 있는 모양을 보고 손을 내밀어 뒤집어 주었다. 잔을 거꾸로 들고 있었던 것이다.

학교 생활의 농도가 짙어지면서 봄도 한층 깊어져 간다. 깊어진 봄은 웅장한 수형의 마로니에 나무에 하얗고 탐스러운 꽃을 피워 올린다. 남극 복도 창틀에 기대 밖을 내려다보면 교장 선생님 사택과 매너하우스 사이 마당에 목련과 벚꽃, 사과나무꽃이 만발한 풍경이 마음을 사로잡는다.

봄꽃이 절정을 향하는 동안 봄 학기가 끝나 가고 있다. 학생들은 이제 IPC 이후의 삶을 구체적으로 준비하기 시작한다. 고민 끝에 나는 한 학기 더 있기로 결정했다. 가을 학기를 다니면서 영국에 있는 슈마허 칼리지에 갈 준비를 하기로 마음먹었다. 유럽에서 공부를 더 하고 싶어 여러 학교를 알아보다가 생태학과 영성을 가르치는 슈마허 칼리지에 끌렸다. 가을 학기가 시작되기 전에 슈마허 칼리지에서 진행하는 일주일 단기 코스에 참여해 보자. 지금은 IPC에 잘 정착했지만, 학기 초에는 적응하기가 쉽지 않았기 때문에 다음 학교를 정할 때는 직접 가서 분위기를 봐야겠다는 생각이다.

클릭 페스티벌

너도 울어 본 적이 있니? 그렇다면 마지막으로 울었던 게 언제니? 그리고 안데르센은 왜 아이들을 위한 동화로 그렇게 슬픈 이야기를 썼던 거니?

연극 속에서 대만 남자가 덴마크 남자에게 묻는다. 대만 남자는 이 질문을 반복하고, 덴마크 남자는 끝끝내 대답하지 않는다. 덴마크 남자가 긴 이야기를 들려준다. 스무 살 무렵 여행하면서 만난 한 남자의 이야기다. 그들은 사랑했고, 함께 여행을 계속했고, 그리고 헤어졌다. 우리 모두가 다 이해할 수 있는 아름다우면서도 슬픈 이야기다.

공연장은 빛을 이용한 홀로그램 효과로 가득 채워져 마치 인어공주가 살았던 물 속 궁전에 있는 듯하다. 어둠 속에서 빛으로 지어진 건물이 나타났다 사라지고, 또 나타났다 사라진다. 대만 남자도 자기 이야기를 들려준다. 돌아가신 아버지에 대한 기억과 어린 시절의 슬픔. 그는 틈이 날 때마다 메아리처럼 같은 질문을 반복한다.

타이베이의 삶은 아주 바쁘고 각박해. 너는 세상에서 가장 행복한 나라에 살고 있지? 그런 너도 울어 본 적이 있니? 그렇다면 마지막으로 울었던 게 언제니? 그런데 안데르센은 아이들을 위한 동화로 왜 그렇게 슬픈 이야기를 썼던 거니?

「타이베이-코펜하겐: 두 도시의 대화」를 보다가 눈물이 주르륵 흘러내렸다. 공연이 끝났을 때 나는 타이베이에서 온 연출자에게 다가가 말을 건넸다.

"덴마크에 있으면서 나도 같은 질문을 언제나 마음속에 가지고 있었어요. 덴마크 사람들도 인생이 힘들까. 저들도 슬플 때면 울까. 극 속에서 덴마크 남자가 끝까지 대답해 주지 않아서 좋았어요."

까만 뿔테 안경을 쓴 젊은 연출자가 눈을 반짝 빛낸다.

"그래요. 그게 내 의도였어요."

"덴마크 남자가 사랑했던 사람이 남자였던 설정도 좋았어요. 아시아 연극이었다면 안 그랬을 테니까요."

"그건 설정이 아니에요. 배우 자신의 이야기죠. 나는 배우들의 진짜 이야기로 얼개를 짰어요."

곧 다른 사람들이 그를 에워싸기 시작했다. 축제의 관

계자들인 듯했다. 연출자는 재빠르게 내게 물었다.

"당신은 뭐 하는 분인가요?"

나는 한국에서 왔고, 대안학교 교사를 하다가 그만두었으며, 조금씩 글을 쓰고 있다고 했다. 그가 명함을 건네주면서 말했다.

"글을 계속 쓰세요. 어렵다는 것을 알아요. 그렇지만 우리는 계속 사람을 만나고 작업을 해야 해요. 나도 이 작품을 아주 우연히 시작하게 되었어요. 어쩌다 바에서 만난 사람들과 이야기를 하다가 이 페스티벌까지 오게 되었죠. 헬싱외르에 살고 있다면 또 만나요."

그는 손을 흔들며 어딘가로 바삐 사라졌다.

크론보르 성 앞 헬싱외르 도서관 주변 극장과 커다란 창고 건물에서 열리고 있는 클릭 페스티벌이다. 2박 3일 동안 세계 곳곳에서 온 연극, 음악, 행위예술 분야의 실험적인 예술가들이 무대를 펼친다. 항구에는 커다란 배 한 채가 정박 중인데, 몇몇 젊은이들이 불쑥불쑥 밧줄을 잡고 뱃전으로 올라갔다 내려왔다 하는 퍼포먼스를 몇 시간째 하고 있다. 날이 어두워지자 그들은 횃불을 들고 구호를 외친다.

"기후 정의! 기후 정의!"

북유럽 사람들, 특히 사회 문제에 관심이 많은 청년들이 집회에서 자주 외치는 구호다. 기후변화는 주로 북반구에 있는 부유한 나라들이 대량 생산과 소비, 생태계 파괴를 통한 개발을 계속했기에 일어났다. 그런데 급격한 온난화로 인한 해수면 상승, 농토의 황폐화, 식량난과 사회 불안 등의 고통을 겪고 있는 지역은 남반구의 가난한 나라들이다. 이처럼 부조리한 현실에 맞서 청년들은 기후 정의를 요구한다. 기후변화는 환경과 과학의 영역을 넘어선 윤리적이고 정치적인 문제다.

다른 공연이 더 보고 싶어서 도서관 뒤편 커다란 창고 건물로 갔다. 한쪽 구석에 비디오 아트가 상영되고 있는데, 낯선 이미지들의 향연이 펼쳐지고 있다. 또 다른 곳에는 넓게 트인 학교 운동장만 한 공간 한가운데 무대가 있고 주변으로 계단식 좌석이 마련되어 있다. 중앙 무대 아래쪽 바닥에 앉고 보니 대기하는 사람이 많다. 드문드문 IPC 학생들도 있다. 중요한 공연인가 싶어 나도 옆 사람들처럼 바닥에 누워서 기다렸다. 등이 약간 차갑지만 견딜 만하다.

전체 조명이 꺼지고 중앙 무대 위에 불이 들어온다. 나이 지긋한 백인 몇이 무대로 올라가자 우레 같은 박수가 쏟아진다. 연주가 시작된다. 키보드를 연주하는 백발의 할아버지 등이 보인다. 누군가는 금관 악기를 연주한다. 보라색 드레스를 입고 머리를 단정하게 묶은 공연자는 목소리를 낸다. 노래라고 하기에는 실험적인, 몇몇 단어와 소리의 리듬감 있는 반복이다. 소리들은 한데 합쳐져 환상적인 느낌을 자아낸다. 이 느낌이 낯설면서도 동시에 낯설지 않다. 연주가 계속될수록 내가 사라지고, 생각이 사라지고, 공연장 전체가 우주로 날아가는 배가 된 것 같다. 백발의 할아버지 연주자는 우리 배를 미지의 세계로 인도하는 선장이다. 연주는 중간 휴식을 포함해 세 시간 넘게 계속되었다. 자정 가까운 시간 기숙사 방에 돌아와 클릭 페스티벌 팸플릿을 들여다보니, 그 백발의 할아버지 이름은 필립 글래스다. 이름만 들어 본 대작곡가의 공연에 다녀온 것이다.

행운은 이렇게 말없이 나를 찾아왔다. 내 안에서 무언가 변화가 일어나고 있다. 학교 안과 밖에서 일어나는 수많은 만남들이 어떤 울림을 만들고 있다. 마음속에서 무슨 일이 벌어지고 있는 것만 같은데, 그게 무엇인지는 아직 알 수가 없다.

4
–
다 내려놓고
놀게 되기까지

마침내 완성한
텃밭 두둑

텃밭 두둑이 완성되었다. 다년생 작물들을 휘겔쿨투어 두둑에 모두 옮겨 심었다. 온실 안에도 토마토와 호박을 심었다. 두둑 옆에는 두꺼운 나무토막을 구해 와서 틀을 지었다. 모양이 잡히고 작물을 심어 놓으니 보기에도 예뻐서 뿌듯하기 그지없다. 학생들은 모두 신이 났다.

봄 학기가 끝나는 6월. 학생 대부분이 한 달 안에 이곳을 떠날 것이다. 그러면 함께 심은 딸기도 토마토도 블루베리 열매도 먹어 보지 못하겠지만, 그저 밭을 일구고 작물을 심었다는 것만으로 행복했다. 거트루드 선생님은 우리가 심은 작물의 열매를 다음 학기에 오는 다른 사람들이 먹게 될 것이라고, 인생은 그런 것이라고 말한다. 우리 역시 얼굴을 모르는 누군가가 우리를 위해 심어 놓은 것들의 혜택을 입고 있다고. 선생님은 학기가 끝나기 전 학예 발표회 시간에 학생들 모두를 밭으로 초대해서 테이프커팅도 하며 오프닝 행사를 열자고 제안했다. 봄 학기에만 임시로 일하는 율리 선생님은 이 밭에 계속 와 볼 수 있는 사람들이 부럽다고 했다. 이 밭이 선생님들에게도 소중한 곳이란 걸 알았다.

눈부신 초여름

방 창문으로 내다보이는 맞은편 기숙사동 한쪽 벽에 포효하는 초록색 용 모양으로 아이비 덩굴이 타고 오른다. 그 방에 사는 린에게 들으니 창문을 열어 놓으면 아이비 덩굴이 방 안까지 자그만 손을 뻗어 들어온다고 한다. 그걸 떼어 내는 게 일이라며 린은 싱글벙글 웃었다.

학교 잔디밭에 하늘을 향해 한껏 고개를 치켜든 데이지꽃과 복슬복슬 하얀 홀씨 날리는 민들레가 가득하다. 식당 뒤에는 동화책에서만 보았던 보라색 루핀이 꽃을 피웠다. 학교 앞 울타리에는 넓고 반들반들한 초록 잎에 둘러싸인 크고 탐스러운 분홍색 철쭉이, 마을길에는 향기 짙은 연보라색 라일락 나무들이 바람에 흔들린다.

시니어 클럽은 저녁 산책길에 학교 뒤편 슈퍼마켓 너머 아기자기한 마을을 발견했다. 덴마크 사람들이 여름 별장으로 쓰는 집이 모여 있는 마을이다. 그 마을에서 아카시아 꽃처럼 생긴 노란 꽃송이와 찔레꽃을 닮은 노랑 장미를 만났다. 또 다른 방향으로 길을 들어서면 키가 크고 굵은 나무들이 있는 숲이 나온다는 것도 알아냈다. 우리는 꽃을 보고, 나무를 보고, 걷고 또 걸었다. 이제 여름밤이 길어져서 밤 10시가 넘어도 바깥이 훤하다.

덴마크 교실에서
한국 현대사를 배우다

2번 교실 스크린에 한반도 사진이 떴다. 북쪽이 붉은색, 남쪽이 푸른색인 한반도가 곧 부산을 제외하고 온통 붉은색으로 바뀐다. 그러다 인천 부근부터 푸른색이 되더니 점점 번져서 마침내 북쪽으로 올라갔다. 북쪽 끝까지 밀려 올라갔던 붉은색이 다시 남쪽으로 내려오기 시작한다. 한반도의 반인 북쪽이 처음처럼 붉은색으로, 남쪽은 푸른색으로 나누어진 시점에서 영상은 끝이 났다. 이 교실에서 유일한 한국인인 나는 온갖 상념이 교차하는 가운데 넋을 읽고 스크린을 바라보았다.

차 선생님이 진행하는 아시아의 삶과 사상 수업. 이번 주제는 '한국 전쟁과 통일에 대한 전망'이다. 4월 초에 시작한 수업이 막바지를 향해 달려가고 있다. 동쪽 끝 일본에서 서쪽 끝 파키스탄까지 나오는 아시아 지도를 보면서 어디에 어떤 나라가 있는지, 우리가 얼마나 알고 있는지 이야기하며 시작한 수업이다. 베트남 전쟁, 캄보디아의 크메르 루주와 킬링 필드, 민주화를 향한 미얀마의 여정, 긴 식민지 역사와 외세의 간섭을 뚫고 어렵게 나라를 세운 동티모르, 인도의 비폭력 불복종 저항 운동, 카슈미르 분쟁, 파키스탄과 방글라데시의 분리, 중국 공산당의 대장정, 문화 대혁명과 천안문 사건, 티베트와 중국 그리고 대만과 중국의 관계까지 아울렀다. 이 긴 여정을 거쳐 마침내 당도한 한반도 다음에는 자연히 일본으로 넘어갈 것이다. 선생님이 준비해 놓은 주제는 군국주의와 태평양 전쟁으로, 대망의 마지막 수업은 '끝나지 않은 이야기, 일본과 한국: 위안부 문제와 역사교과서 논쟁에 대하여'다.

선생님은 발표 주제와 관련된 경험이 있는 학생들이 자발적으로 이야기를 나누어 주기를 권했다. 죽은 지식이 아니라 살아 있는 말을 통한 배움을 실천하고자 했던 그룬트비 교육 철학과 닿아 있다. 이번 학기 수강생 중에서 아시아 학생은 한국에서 온 나와 일본 친구들 몇 명밖에 없다. 대만 여행을 다녀온 적이 있는 나는 대만과 중국 문제에 대한 발표도 맡아서 했다. 두 나라의 이해관계가 충돌하는 경우에는 반드시 양쪽 입장을 들었다. 티베트 문제를 다룰 때 한 학생은 중국 쪽 입장에서 자료를 찾아오고, 다른 학생은 티베트의 입장에서 발표하는 식이다. 학생들은 수업 중 언제든지 손을 들어 질문할 수 있다.

선생님은 필리핀에서 태어나고 자라 민주화운동을 하다가 수감되기도 했던 자신의 삶 자체를 수업에 불어넣었다. 가택에 연금되어 있던 아웅산 수치를 만나러 갔던 이야기, 훗날 동티모르 대통령이 된 샤나나 구스마오를 만나러 감옥에 찾아갔던 이야기도 들려주었다. IPC에서 이전에 만났던 제자들 중에 캄보디아 학생이 있었다. 그는 크메르 루주 치하에서 가족을 다 잃었고, 영화 「킬링 필드」에 나오는 것처럼 강제로 집단 농장 생활을 하며 말로 다할 수 없는 고초를 겪은 끝에 겨우 탈출했다. 그는 세상에 다시는 같은 일이 일어나지 않도록 자기 이야기를 많은 사람들이 기억해주기를 바랐다. 차 선생님은 매 학기 수업을 진행할 때마다 그의 이야기가 기록된 한 장 반짜리 글을 학생들과 함께 읽는다.

"우리가 IPC에서 어떤 인물을 만나게 될지는 아무도 몰라. 지금 이 교실에 함께 있는 학생이 어떤 사람으로 성장할지 누가 알 수 있을까!"

오늘의 주제인 한반도 이야기를 시작하면서 선생님은

프레젠테이션 자료를 앞에 두고 교실의 유일한 한국인인 나에게 말했다.

"내가 설명하는 도중에 덧붙이고 싶은 게 있으면 언제든 멈춰 세우렴."

나는 정말로 자주 선생님을 멈춰 세웠다. 동해를 일본해로 표기한 지도가 나왔을 때도, 1910년 일본에 의한 조선 강제 병합을 '일한 조약'으로 표기한 표현이 나왔을 때도 손을 들고 한국의 입장을 말했다. 진도가 그 어느 때보다 더디게 나갔지만 선생님은 실제 그 나라에서 온 사람의 이야기를 수업에 불어넣을 수 있어서 즐거워했다. 만약 이 수업에 베트남, 캄보디아, 동티모르, 인도, 미얀마, 티베트와 중국에서 온 학생이 있었다면 얼마나 더 많은 이야기를 들을 수 있었을까. 우리가 아는 세계가 얼마나 더 확장되었을까. 우리가 알고 있다고 생각하는 것은 얼마나 제한적일까.

해방 이후 상황과 분단 그리고 한국 전쟁을 다룰 때 선생님은 이승만과 김일성 두 사람을 축으로 설명했다. 나는 한반도의 분단을 막기 위해 끝까지 애쓰다 암살당한 김구 이야기를 해야겠다고 마음먹었다. 수업 후에는 언제나 선생님과 이야기하려고 학생들이 몰려드는데, 나는 차례를 기다렸다가 김구에 대해서 대략 설명하고는 다음 수업에서 발표할 시간을 5분만 달라고 말했다. 선생님은 흔쾌히 수락했다.

나는 방에 돌아와 김구의 생애를 다룬 짧은 슬라이드를 만들면서 마지막 장에 「나의 소원」 중 한 대목을 넣었다.

나는 우리나라가 세계에서 가장 아름다운 나라가 되기를 원한다. 가장 부강한 나라가 되기를 원하는 것은 아니다……

일본 학생들과
위안부 문제를 이야기하다 1

쿠리에는 '끝나지 않은 이야기, 한국과 일본'이라는 주제에 관심을 보이며 참여 의사를 표현한 일본인 학생이다. 그런데 쿠리에가 주춤하게 된 건 수업 시간에 내가 한 말 때문이다. 나는 아시아의 삶과 사상 수업 첫 시간에 수업계획서 속 위안부(comfort women)라는 용어에 대해 이렇게 의견을 내놓았다.

"위안부는 일본군의 입장이 반영된 용어입니다. 저는 성 노예(sexual slavery)라는 표현이 적절하다고 생각해요."

차 선생님은 나의 의견을 존중했지만, 위안부라는 표현이 현재 미디어와 국제 사회에서 통용되기에 사용한다고 설명했다. 수업이 끝나자 쿠리에는 차 선생님에게 다가가 자신이 없다고 했다. 자신의 무지가 한국인들에게 상처를 줄까 봐 걱정이 된다고. 그때 나는 이 문제를 일본 친구들과 싸우듯이 이야기해서는 안 된다는 걸 느꼈다. 나는 대구에 살 때 정신대 할머니와 함께하는 시민 모임에 나갔던 적이 있고, 역사를 전공하는 모임 회원들을 따라 할머니들의 증언 수집에 참여한 경험도 있다. 차 선생님은 이런 이야기를 수업 시간에 불어넣고, 일본 친구들과 함께하기를 원했다.

쿠리에는 오키나와에서 온 오보에 연주자다. 차분하고 열정적인 그는 분주하게 돌아가는 학교 일정 속에서도 자신의 일상을 성실하게 꾸린다. 저녁이 되면 쿠리에가 악기 연습을 하는 소리가 교정에 은은하게 울린다. 그는 역사에 관심 있는 드문 일본인이다. 차 선생님은 언젠가 내게 말했다.

"오키나와 사람들은 일본 본토 사람과는 다른 역사를 겪었어. 쿠리에는 중요한 사람이야. 그는 일본과 한국을 잇는 다리 역할을 할 수 있어."

쿠리에를 통해서 나는 일본 친구들이 가진 두려움을 조금이나마 감지할 수 있다. 그들은 일본의 군국주의와 태평양 전쟁에 대해 비판적인 관점에서 배울 기회가 없었다. 그런데 이곳에는 위안부 생존자들을 실제로 만나 보았다는 사람이 있다. 교실에 있는 다른 일본인 친구들은 침묵을 지키고 있어 마음속으로 어떤 생각을 하고 있는지 알 수가 없다. 바로 그 일본 친구들에게 나는 지난 다섯 달간 IPC에서 의지해 왔다. 함께 밥을 먹어도 체하지 않고, 말을 못 알아들을지 몰라 긴장할 필요도 없이 커먼룸 소파에서 뒹굴뒹굴하며 서로 기대 살아온 사람들. 나는 나와 꼭 닮은 그 소중한 사람들과 잘 지내고 싶다.

다행히 차 선생님의 수업에서 우리는 프랑스의 지배를 받았던 베트남, 영국의 식민통치에 시달린 인도, 영국과 아편전쟁을 치른 중국 등 아시아 근현대사 흐름을 쭈욱 훑어 왔다. 그래서 왜 아시아에서 일본만이 서구 제국주의 열강에 대항해 싸우지 않고 그들을 닮아 가게 되었는지에 대해서 논의할 수 있었다. 우리는 전쟁을 원했던 정치인들만이 아니라 평화를 원했던 사람들에 대해서도 이야기했다. 쿠리에와 마사토는 내가 발표한 김구 이야기에 관심을 보였다. 마사토는 『백범일지』의 일본어 번역본이 있는지 물어보았고, 김구 선생의 의문의 죽음에 관해 쿠리에는 군국주의로 기우는 일본에 반대하다가 사라진 사람들을 기억해 내기도 했다. 쿠리에는 이런 몇 달의 과정을 통해서 서서히 마음을 열고 용기를 찾은 듯, 나와 또 다른 일본 친구 사치가 위안부 문제에 대한 발표 준비를 시작할 무렵 우리와 함께하고 싶다고 말했다.

우리는 몇 번의 밤을 함께 보내며 발표 준비를 했다. 나는 학교에서 배운 역사적 사실과 한국 입장을 들려주었고,

그들은 일본 정부와 보통 사람들이 어떻게 생각하는지 들려주었다. 발표 전날 밤 두 나라의 입장이 담긴 슬라이드를 함께 만들며 나는 두 친구에게 고마움을 전했다. 그들은 그동안 알지 못했던 조상과 정부가 저지른 잘못에 대해서 다른 나라 사람들 앞에서 이야기해야 한다.

"어려운 일을 함께해 주어서 정말 고마워. 너희들은 나의 희망이야."

내가 이렇게 말하자 쿠리에가 울음을 터뜨렸다. 오래도록 잊지 못할 울음이었다.

발표는 다음 날 오전 8시 30분에 시작되었다. 차 선생님이 말했다.

"1921년 IPC를 만들었던 피터 매니케는 생각했어요. 전쟁을 했던 두 나라의 사람들이 함께 어울려 잘 살 수 있다면 그것이 바로 세상의 평화를 향해 가는 길이 아닐까. 그런 바람과 꿈 위에 지금 우리가 있는 학교가 세워졌지요. 오늘 과거 적국이었던 한국과 일본 두 나라에서 온 학생들이 아직 끝나지 않은 역사 이야기를 합니다. 쉬운 일이 아니에요. 이런 토론 수업을 수없이 진행해 본 나에게도 긴장되는 일이지요."

선생님의 긴장감이 교실 안의 공기를 통해서 팽팽하게 전해졌다. 묘하게도 나는 그 긴장감을 통해 선생님이 자신

의 일을 얼마나 사랑하는지 느낄 수 있었다. IPC에서 내가
가장 좋아하는 순간은 학생의 발표를 지켜보는 차 선생님의
모습을 바라볼 때다. 선생님은 만면에 미소를 띠고 학생들
을 자랑스럽게 지켜보고, 재미있을 때면 박장대소를 아끼지
않는다. 그리고 오늘은 밤새 수업 준비를 해 온 우리처럼 긴
장하고 있다.

　나는 1990년대 초반 이 문제를 세상에 알리는 데 큰 기
여를 한 일본 페미니스트들과 양심 있는 시민사회 진영에
대한 이야기로 발표를 시작했다. 어떻게 하면 서로 상처를
덜 주고받으면서 문제를 풀어 나갈까 고민한 결과였다. 내
가 좋아하는 일본 친구들이 오늘 발표를 듣고 마음의 상처
를 받을까 봐 걱정된다고 솔직하게 말했다. 그렇지만 한국
에서 자란 내가 배우고 듣고 본 그대로의 사실을 가감 없이
전했다. 함께 발표를 준비한 일본 친구들도 그들의 입장을
이야기했다. 일본에서는 학교에서 위안부 문제를 가르치지
않는다. 그러므로 역사와 정치에 큰 관심을 갖고 있고 지식
과 정보가 많은 한국인에 비해 일본 사람들은 무관심하다.

　수업을 듣는 학생들은 언제나처럼 궁금한 것이 있으면
바로 손을 들어 질문했다. 유럽에서 온 학생들은 위안부 문
제에 대해서 자세히 알게 된 건 처음이라며 한국 쪽의 입장
에 수긍하는 분위기였다. 독일에서 온 친구는 이런 이야기

를 들을 수 있어서 정말 감사하다고 했다. 발표자가 아닌 일본 친구들은 조용하게 들었고 별다른 질문을 하지 않았다. 그 마음속에 무슨 일이 일어났는지 알 수 없지만 긴장했던 수업은 별 탈 없이 마무리되었다. 쿠리에와 사치는 발표 준비가 힘들었지만 귀한 경험이었다는 소회를 전했다. 전날 밤 한번 울었던 우리는 큰 숙제를 끝낸 홀가분한 마음이 되었다. 수업을 마치며 차 선생님이 말했다.

"지금 이 순간, 피터 매니케가 우리와 함께하고 있어요."

인생 이야기

"너는 안정적인 관계를 맺고 싶지만 결혼할 생각은 없는 거야?"

시간이 흘러 나이가 들면 안정적인 직업을 갖고, 안정적인 관계를 유지할 파트너가 있으면 좋겠다는 벨기에 친구의 말에 일본 친구가 묻는다.

"글쎄, 나는 누군가와 함께 안정적인 삶을 살고 싶지만 그게 꼭 결혼의 형태여야 하는지는 모르겠어."

열여덟 살 벨기에 친구의 대답에 그보다 열 살쯤 많은 일본 친구가 고개를 끄덕인다. 나와 같은 앙헬스 그룹인 이 친구는 언젠가 내게도 비슷한 질문을 했다.

"왜 아직 결혼하지 않은 거야?"

그는 덴마크에서 이렇게 물어 온 유일한 사람이다. 한국에서 그토록 많이 들었던 질문을 내게 던진 유럽인은 한 명도 없다. 한국에서 질문거리였던 나의 삶은 이곳에서 그냥 자연스러운 모습이 되었다. 나는 몇 살이냐고, 왜 결혼하지 않았느냐고 묻지 않는 이곳의 생활에 조금씩 익숙해졌다. 머리를 짓누르던 회색 공기가 사악 걷혀 하늘로 통통 튀어 오를 수 있을 것만 같은 기분이다.

봄 학기가 이제 두 주도 채 남지 않았다. 저녁에는 콘택트 그룹별로 모여 '인생 이야기' 세 번째 시간을 보냈다. 말 그대로 서로의 삶에 대해서 이야기하고 맛있는 것을 먹으며 노는 시간이다. 앞서 두 번에 걸친 인생 이야기 시간에는 할머니 할아버지와 부모님 그리고 어린 시절에 대해서 이야기했다. 마지막 시간인 오늘의 주제는 우리의 미래다. 음식에 관심이 많은 앙헬 선생님이 케이크와 아이스크림, 와인을 마련했다. 우리는 매너하우스 부엌 옆방 테이블에 촛불을 켜고 앉아 두런두런 수다를 떨었다.

"취직을 할 것 같아. 부모님 아시는 분이 자동차 판매 대리점을 하는데 거기에서 일해 보고 싶기도 하고. 대학을 가고 싶은지는 잘 모르겠어."

"나도 대학은 아직 잘 모르겠어. 학교에 가면 등록금도 안 들고 나라에서 생활비도 주겠지만, 글쎄. 스칸디나비아라는 좁은 곳을 떠나 넓은 세상을 보고 싶어."

고등학교를 졸업하고 이곳에 온 독일 친구와 덴마크 친구의 이야기다.

"나는 여기 한 학기 더 있기로 했어. 음, 있는 힘껏 큰 꿈을 꾸어 보자면, 먼 미래에는 IPC 최초의 한국인 선생님이 되어 보고 싶어. 하하하."

선생님과 친구들은 나의 꿈을 한껏 응원해 주었다. 나는 와인을 아낌없이 마셨고 기분이 좋았다. 처음에는 어색하기만 했던 앙헬스 그룹에서 이렇게 편안해지다니. 앙헬 선생님은 자신이 살아온 삶의 한 자락 한 자락을 수다쟁이처럼 들려주었다. 고등학교 시절 수업 시간에 프랑스어 선생님이 말썽 피우는 학생에게 던진 분필을 손으로 낚아챈 이야기, 그래서 그 선생님과 친해진 이야기, 아내를 만난 이야기, 유엔에서 일하게 된 이야기.

"어느 날 기회가 왔고, 나는 달리는 열차에 뛰어 몸을 실었어. 수많은 나라를 돌아다녔지. 평생 고향에서만 살아온 친구들과는 이야기가 안 통할 때도 있어. 그 친구들을 아주 좋아하지만 말이야. 삶에는 그런 순간이 있어. 눈앞에서 다른 세계로 가는 기차가 출발하려고 하는 순간. 나는 그때 망설이지 않고 기차에 올라탔어. 그게 내 인생이었어."

청소년 약물 중독
치료센터

"덴마크는 모든 것이 다 갖추어져 있는 나라예요. 그래서 이 나라 젊은이들은 실패했을 때 온전히 자기 책임이라고 생각해요. 넉넉지 못한 집안 형편이나 불공정한 사회 구조를 탓할 수가 없는 거죠."

헬싱외르 청소년 약물 중독 치료센터에서 일하는 플래밍 씨의 말이다. 지금 육십 대인 그는 젊은 시절 교사로 일하다가 치료사로 직종을 전환했다고 한다.

"어림잡아 덴마크 청소년 열두 명 중 한 명이 마약 중독과 관련한 문제를 겪고 있어요. 심각한 편이죠. 중독에 빠지는 이유는 자신을 괴롭히는 문제를 잊기 위해서예요. 센터 사람들은 약물 중독에 관한 전문적인 지식을 갖추고 있습니다. 그런데 이 일을 오래 하다 보니 지식보다 더 중요한 게 있다는 걸 알게 되었어요. 결국은 사람을 만나는 게 이 일의 핵심이에요.

우리는 아이들이 마약을 끊게 돕지는 못해요. '끊어야 해!'라고 말하지 않아요. 아이들이 자기 일상을 잘 꾸려 나갈 수 있도록 도와서 건강한 삶을 되찾는 것이 목표예요. 학교 생활에 어려움을 겪는 아이들은 학교와 협의 후 이곳에

와서 공부를 계속하고 졸업까지 할 수 있어요. 수업을 듣고 식당에서 밥도 해 먹을 수 있죠. 만약 한 아이가 잔뜩 찌푸린 표정으로 센터에 오면 저는 이런저런 이야기를 나눠요. 아이는 아침부터 부모님이 자기한테 화를 냈다고 해요. 이야기를 더 하다 보면 아이가 늦잠을 잤고, 어젯밤 늦게까지 컴퓨터 게임을 했다는 걸 알게 되고요. 아이는 자연스럽게 오늘 아침이 엉망이 되어 버린 이유를 발견하게 되지요. 친구 관계에서 생기는 어려움도 마찬가지예요. 함께 이야기하고 질문하는 과정에서 스스로 답을 찾아 갈 수 있어요."

센터를 찾은 학생 중 50~80퍼센트는 다시 자기 삶을 찾아 간다. 보람 있는 일이라는 말이 맞으리라고 생각한다. 평생을 이 일로 보낸 그의 느릿한 말투에서 연륜과 느긋함이 비쳤다. 나는 귀가 시간 넘게 기숙사에 돌아오지 않는 학생을 찾아 피시방이 있는 면 소재지를 향해 꼬불꼬불한 지리산 길을 운전해 가던 때를 떠올렸다. 게임을 하지 않기로 약속했는데 또 피시방에 가 버리고 마는 학생과 소통하는 일이 당시 교사 생활의 큰 과제였다. 잔뜩 찌푸린 표정으로 등교한 학생들과 이야기 나누기는 나도 일상적으로 했던 일이다. 아침이면 반 학생들과 매일 차를 마시며 소소한 이야기를 나누는 것으로 하루를 시작한 해도 있었다.

3층 규모의 약물 중독 치료센터에는 편안하게 쉴 수 있는 소파와 휴게 공간이 곳곳에 있다. 지하로 내려가니 앞으로 하고 싶은 활동이 적힌 알록달록한 쪽지가 가득 붙어 있다. 실행에 옮긴 활동이 적힌 종이들은 다른 칸으로 옮겨 붙인다. 반대쪽 벽에는 단풍 든 오솔길 풍경이 담긴 커다란 사진이 벽지처럼 붙어 있고, 그 앞에 연보라색 쿠션이 얹힌 자주색 소파가 있다. 소파 옆에 자그마한 나무 불상이 하나 있기에 플레밍 씨에게 물어 보았다.

"여기에서 명상도 하나요?"

"네, 직원 중에 관심 있는 사람이 있어서요. 마음을 편안하게 하는 데 도움이 된다고 해요."

작은학교에서도 학생들과 명상을 했다. 작은학교에서는 이곳에서 하고 있는 대부분의 활동을 했다. 그런데도 나는 학교 생활에 어려움을 느끼는 학생들의 문제를 해결하지 못했다. 나는 그 이유가 전문 지식이 부족해서라고 생각했다. 하지만 결국은 다 사람을 만나는 일이었다.

일본 학생들과
위안부 문제를 이야기하다 2

봄 학기 정규 수업이 모두 끝나고 오늘부터는 학기말 프로그램이 진행되고 있다. 주말에 있을 발표회를 위해 연극과 음악 수업에서는 공연 리허설을, 미술 수업에서는 작품 전시를 했다. 지난 학기 수업 내용을 더 많은 학생들과 나누는 시간도 있다. 나와 쿠리에, 사치는 아시아의 삶과 사상 수업 시간에 발표한 '한국과 일본의 끝나지 않은 이야기'를 강당에서 다시 선보였다. 오십 명이 넘는 학생들이 의자를 채웠다. 발표가 끝나자 한 일본 학생이 손을 들고 질문했다.

"우리 대학 교수님이 그러셨는데, 태평양 전쟁 때 위안부는 당시 한국 정부의 동의하에 모집한 거라고 했어. 나는 그렇게 알고 있었는데, 지금 너의 발표와 달라서 물어보는 거야."

나는 내 귀를 의심했다. 그래서 이렇게 말했다.

"지금 한 말 다시 한번 이야기해 줄래?"

내 말투는 날카로웠을 것이다. 그럴 수밖에 없었다. 생전 처음 들어 보는 말이었기 때문이다. 일본 친구는 내 말투에 주눅 든 듯했지만 또박또박 다시 질문했다. 올 것이 왔구나 싶었다. 지난 수업 시간에 조용히 있던 일본 학생들과 달리 진짜 궁금한 것을 질문하는 일본인을 만난 것이다. 강당에 팽팽한 긴장감이 흘렀다. 나는 숨을 고르고 이렇게 대답했다.

"위안부가 강제로 끌려간 1930년대 후반에서 1940년 초중반까지 한국은 일본의 식민지 상태였어. 당시 한반도에는 한국 정부가 없었지. 중국에 있는 한국 임시정부가 독립 투쟁을 펼쳤지만 한반도 내에서의 공식적인 결정권이 없었어. 그러니까 한국 정부의 동의하에 위안부를 모집했다는 건 말이 되지 않아.”

나는 식민 통치가 무엇인지도 모르는 일본 학생에게 화가 났다. 그런데 정신을 차리고 보니 나보다 더 당황한 사람은 질문한 친구라는 것을 알게 되었다. 그는 정말 몰랐다고 했다. 나는 우리가 서로에 대해서 너무 모르고 있다고, 더 이야기를 나누고 싶다고 발표를 맺었다. 수업이 끝난 후 그 일본 친구는 울음을 터뜨렸다. 그런 사실도 몰랐다는 게 너무나 창피하다고 했다. 한국 학생들이 달려가 그를 오래 안아 주었다.

햇살이 쏟아지는 매너하우스 앞마당 벤치에 평소에 친하게 지내던 한국과 일본 학생들이 삼삼오오 모여 앉았다. 일본 친구들이 말했다.

“왜 꼭 사과를 받아야 해? 지나간 일은 덮어 두고 앞을 향해서 나아가면 안 될까? 우리는 힘을 합쳐 북한과 싸워야 하잖아.”

지난 반년 동안 의지하며 편하게 지낸 친구들에게서 이런 이야기를 들으니 감정이 요동쳤다.

“과거 다른 나라에게 저지른 잘못을 사과할 수 있는 정부가 자국 국민도 잘 대우할 거야. 한국인은 위안부 생존자 할머니들과 함께 살아가고 있어. 할머니들은 일본 정부가 과거의 잘못을 인정하고, 다시는 그런 일이 일어나지 않도록 다음 세대를 교육하길 바라. 그럴 때에야 한국과 일본은 진정한 관계를 맺을 수 있지 않을까? 이번에 오바마 대통령이 일본을 방문했잖아. 히로시마와 나가사키에 원자폭탄을 투하한 일에 대해 사과하지 않은 게 속상하지 않아?”

“일본이 꼭 공식적인 사과를 받아야 한다고 생각하지 않아. 그만큼 중요한 일인지 모르겠어.”

“나는 그렇게 생각하지 않아. 오바마 대통령은 미국 정부를 대표해서 과거의 잘못을 사과해야 한다고 생각해. 네가 사과를 요구하지 않는다면 내가 할 거야.”

어느새인가 와서 가만히 이야기를 듣고 있던 덴마크 친구가 끼어들었다. 고등학교를 졸업한 지 얼마 안 된 친구다.

“사과란 말이야, 사과를 하는 쪽에게 상대방이 받아 줄 거라는 신뢰가 있어야 가능하지 않을까?”

한 일본인 친구가 그에게 물었다.

“만약 너라면, 가족처럼 가까운 사람이 타인에게 저지른 잘못에 대해서 사과할 수 있겠어? 너는 아무 잘못도 하지 않았는데 말이야.”

덴마크 친구는 곰곰 생각하더니 말했다.

"만약 나의 사과가 상대방을 치유하는 데 도움이 된다면, 난 하겠어."

북유럽의 긴 석양이 쏟아져 들어오는 커먼룸에서 차 선생님을 만났다. 나는 일본 친구들의 반응을 전하고, 그들과의 대화가 감정적으로 힘들었다고 솔직히 시인했다. 선생님은 이렇게 말했다.

"그 친구들은 처음 들어 보는 내용이니 당황할 수 있어. 그렇지만 이게 시작이야. 자기가 알고 있던 내용과 다르니 스스로 자료를 찾아보기 시작할 거야. 일본만이 아니라 전 세계에서 쏟아져 나온 사실들을 만나게 되겠지. 이제 막 그 여정을 시작한 친구들의 이야기를 들어 줘야 해. 언제나 마음을 열어 놓는 것이 중요해."

IPC를 세운 사람

1916년 스물일곱 살의 덴마크인 피터 매니케는 군 복무를 마치고 영국으로 간다. 5년 전 안데르센의 고향 오덴세에서 우연히 영국 퀘이커 교도들을 만나 버밍햄에 있는 퀘이커교 학교인 우드브룩에서 공부할 것을 권유받았다. 매니케는 공부를 하고 자신이 구상하고 있던 학교를 만드는 일에 도움도 받기 위해서 우드브룩으로 간다. 우드브룩에서의 경험은 매니케의 평생에 걸쳐 영향을 주었고, 영국 퀘이커 교도들 또한 그에게서 깊은 인상을 받았다.

우드브룩에서 가까운 곳에 퍼크로프트 칼리지(Fircroft College)가 있다. 덴마크 호이스콜레 운동에서 직접 영향을 받아 설립된 이 학교는 매니케가 버밍햄에 도착했을 즈음에 1차 대전에서 부상당한 병사들의 요양병원으로 쓰이고 있었다. 바로 이곳에서 모든 것이 시작되었다. 매니케는 퍼크로프트의 한 병실에서 유서 깊은 퀘이커 가문 출신인 데이비드 프라이(David Fry)를 만난다. 양심적 병역 거부자로서 프라이는 영국의 동맹국 프랑스의 야전 병원부대에 비전투요원으로 자원해 포탄이 떨어지는 최전선에서 부상병들을 도왔다. 그가 전쟁터에서 마지막으로 구한 사람은 적국 독일의 병사였다. 매니케가 만났을 때 프라이는 열아홉 살이었고 등에 포탄 파편을 맞아 하반신이 완전히 마비된 상태였다. 프라이는 자신이 구한 젊은 독일 병사가 살아남았는지 무척 알고 싶어 했다.

이것은 피터 매니케에게 일생일대의 만남이었다. 정말로 전쟁을 원하는 사람은 누구인가. 전쟁으로 인해서 이득을 얻는 사람은 누구인가. 매니케는 서로 전쟁을 했던 두 나라의 사람들이 어울려 살 수 있다면 그것이 곧 전쟁을 막고 평화로 가는 길이 되리라고 생각했다.

나는 나의 일본 친구들을 생각했다. 서로 의지하며 평화롭게 지내던 우리 사이에 긴장이 깃든 것은 무엇 때문인가. 우리가 서로 적이 되어 반목하면 누구에게 이익이 되는가. 싸움을 원하는 것은 누구인가. 우리가 싸움을 원하는 것이 아니라면, 싸움을 원하는 자들을 멈춰 세울 힘이 있는가. 피터 매니케는 평범한 사람들에게 그 힘이 있다고 믿었다. 이것이 바로 민주주의로, 호이스콜레가 존재하는 이유였다. 매니케는 농민과 노동자가 민주주의를 경험하면서 시민적 주체로 깨어나는 덴마크 호이스콜레 모델에 국제적인 감각을 입힌 학교를 만들고자 했다. 평화 운동에 앞장섰던 영국 퀘이커들은 그의 계획을 기꺼이 환영하고 지지하며 영국의 저명한 학자들과 교수들을 소개해 주었다.

피터 매니케가 공부했던 1916년의 우드브룩은 평범하지 않았다. 매일 참혹한 부상 소식과 사망자 목록이 배달되는 가운데에서 학생들은 놀랍도록 차분하게 기독교 윤리와 정치 경제를 공부했다. 어떤 자들은 징집 명령을 받아들였고, 어떤 자들은 거부해서 감옥에 가거나 프라이처럼 비전투요원으로 자원했다. 점점 많은 학생들에게, 학교 직원들에게도 징집 명령이 떨어졌다. 전쟁은 어디에나 도사리고 있었다. 부상당하고 장애를 입은 병사들이 퍼크로프트 요양병원에 머물렀다. 적국 시민인 독일인들이 억류된 장소도 가까이에 있었다. 우드브룩은 두 쪽 모두를 도왔다.

우드브룩에서 매니케는 기독교의 사회적 역할에 대해 배웠다. 수많은 종교 서적을 읽었고 동료들과 영감 넘치는 대화를 나누었다. 매일 퀘이커 예배에 참석했다. 퀘이커 예배는 여럿이 둥그렇게 모여 앉아 침묵하는 가운데 각자 내면에서 울리는 신의 소리를 듣는다. 형식주의를 배격한 퀘이커 교도들은 특별한 예배 형식을 갖추지 않아 목회자 또한 없었다.

덴마크로 돌아온 피터 매니케는 1918년 코펜하겐 대학에서 영문학과 덴마크 문학으로 석사학위를 받았다. 그리고 전쟁이 끝난 1919년 여름 다시 우드브룩으로 돌아간다. 1919년의 커리큘럼에서는 현대 사회 운동, 외국 노동법 같은 과목들이 강조되었다. 전쟁 직후의 학생들은 급진적이었다. 매주 소비에트라 불리는 학생 회의가 열렸다. 그 당시의 유럽 청년들에게는 러시아 공산주의가 자유의 마지막 이름으로 여겨졌다. 청년들과 함께했던 경험은 2년 후 매니케가 자신의 학교를 세우는 데 큰 영향을 주었다. 1919년 학생일지에 그는 이런 기록을 남겼다.

우드브룩은 사회주의와 기독교적인 열정이 만나는 곳입니다. 우드브룩에는 사회주의자가 아니면서 기독교인인 사람들이

있고, 기독교인이 아닌 사회주의자들이 있습니다. 이곳에서
는 매일의 사회적 삶에 기독교적 원칙을 실제로 적용하려고
근본적인 노력을 기울입니다. 이것이 바로 우드브룩에서 진
정한 우정이 피어나고 서로를 기꺼이 용서할 준비가 되어 있
는 이유입니다. 기독교 영성이 없는 사회주의는 목적을 달성
하기 위해 잔혹한 힘을 사용하기를 주저하지 않을 것입니다.
그리고 사회 문제에 참여하지 않는 기독교 영성은 결코 진짜
삶을 움직이는 원동력이 될 수 없을 것입니다.

피터 매니케가 학교를 세울 때 처음 생각한 이름은 국
제 노동자 학교(International Workers' College)였다. 그런데
노동자가 아닌 사람들도 올 수 있게 하자는 의견에 따라 세
계시민학교(International People's College)로 결정했다고 한
다. 20세기 초 유럽이라는 배경에서 인터내셔널이란 「인터
내셔널가(The Interantionale)」의 의미에 가깝다. 19세기 후
반 유럽 전역에서 사회주의자, 공산주의자, 무정부주의자
들이 참여했던 국제적인 노동운동 조직인 제1인터내셔널의
거대한 사상적 영향 아래 탄생한 이름인 것이다.
　우드브룩에 머무르는 동안 매니케는 두 명의 영국 작가
올리버 로지와 존 러스킨에게 영감을 받았다. 그는 덴마크
에 학교를 세우기 위한 회의와 기금 모금을 거듭하는 와중

에 존 러스킨에 관한 책을 쓰고 올리버 로지의 책을 덴마크 어로 번역했다. 물리학자 올리버 로지는 목숨을 잃은 아들과 영혼의 세계에서 만난다는 내용의 책 『레이먼드』를 써서 유명해졌다. 아들을 잃은 그가 적국인 독일에 적대감을 가지고 있지 않은 것에 매니케는 깊은 인상을 받았다. 존 러스킨은 교육과 노동의 긴밀한 연결을 강조한 사상가로, 매니케는 평생에 걸쳐서 검소한 삶, 노동의 고귀함에 대해 이야기하곤 했다. 1919년 우드브룩에서의 공부를 마치고 덴마크로 돌아온 서른 살의 매니케는 학교를 세우는 데 필요한 모든 지적이고 문화적인 자산을 다 가지고 있었다.

클라우스 선생님은 아무도 읽지 않는 학교의 역사가 담긴 파란 책에 이 모든 이야기가 나와 있다고 했다. 나는 매너하우스 앞 잔디밭에 누워 이 책을 읽어 내려갔다. 피터, 당신이었군요. 나를 여기로 부른 것은.

텃밭 개장 행사

덴마크 친구 아나와 함께 허브 스파이럴을 만든 브라질 친구 빅토리아가 우리가 만든 밭을 보고 이렇게 말했다.

"와, 진짜 예쁘다. 나 여기에서 결혼식 올릴래."

지난 4월부터 일주일에 두 번, 한 시간 반씩 작업했던 퍼머컬처 밭을 전교생에게 공개하는 날이다. 우리는 결코 무리하지 않아서, 밭에 있던 외래 식물을 제거하고 나서도 한 달이 걸려 밭을 완성했다. 한국에서였다면 이틀 만에 끝냈을지도 모를 분량의 일이지만 여기에서는 아무도 빨리 완성해야 한다고 독촉하지도, 초조해하지도 않았다. 일하다가 어딘가로 사라진 친구를 애써 찾으려 하지도 않았다. 그냥 쉬엄쉬엄 놀면서 일을 했다.

학생들과 선생님들이 텃밭으로 모여들었다. 거트루드 선생님과 율리 선생님이 그간 밭을 일군 이야기를 들려줬다. 오늘의 개장 행사에서 테이프커팅을 맡은 사람은 밭에서 가장 가까운 사택에 사는 소렌 교장 선생님이다. 선생님은 사택에서든 예전 집에서든 이렇게 멋진 밭을 가꾸어 본 적이 없다고 하며, 땀 흘린 사람들의 노고에 감사를 전하고 자랑스럽게 테이프를 잘랐다. 환호와 박수가 터졌다. 밭에서 자란 루바브 줄기를 직접 갈아 만든 주스를 마시며 우리는 밭을 거닐었다. 학예회 날이라 한껏 멋을 부리고 나온 학생들이 아름답게 가꾸어진 밭을 구경하는 모습이 장관이었다. 유리 온실에서는 토마토가 빨갛게 익기 시작했고, 해바라기는 키가 훌쩍 컸으며, 아로니아와 하니베리 나무 아래 자라는 딸기는 곧 따 먹을 수 있을 정도로 영글어 간다.

하지가 가까운 덴마크는 밤 10시가 넘어도 사방이 환

하다. 날이 선선해진 저녁 밭으로 가서 꽃삽을 들고 땅을 팠다. 풀은 별로 없지만, 오래 방치되었던 곳이기에 땅 속 깊이까지 서양 메꽃 풀의 하얗고 굵은 뿌리가 도처에 퍼져 있다. 4월에 밭의 모양을 잡고 흙을 뒤집을 때 학생 모두가 달라붙어 몇 시간씩 뿌리 제거 일을 했지만 완전히 없애기란 불가능했다. 몇 센티미터만 남아 있어도 싹을 틔워 올리고 주변의 다른 식물들을 단단하게 휘감아 올라가는 풀이다. 새로 만든 우리 밭에 위협이 될 것 같다.

호미가 있다면 얼마나 좋을까. 덴마크에는 호미가 없다. 덩치가 큰 북유럽 사람들의 농사 도구는 모두가 큼직하고 투박하다. 가을 학기에 돌아올 때 한국에서 호미를 가져올까. 근데 그게 공항 검색대를 통과할 수 있을까. 이런저런 생각을 하며 뿌리를 파내다 보면 사위가 어두워져 있다.

너와 함께 있으니
안전하다고 느껴져

강남역 10번 출구에 포스트잇이 붙기 시작한 지 한 달 가까이 되어가고 있다. 외면하고 싶어서 한동안 한국 뉴스를 읽지 않았지만, 몸이 아픈 걸 보니 외면하지 못하는 게 틀림없다.

결국 차 선생님이 준비한 아시아 페미니즘 워크숍 시간에 오래전 나에게 일어난 일에 대해 이야기했다. 그때 나는 대학생이었고, 모르는 사람이 강제로 침입해서 폭력을 가했다. 나는 운이 좋아서 살아남았다. 내가 여성이었기 때문에 일어난 이 사건은 인생 전체에 영향을 주었다. 어디에 있어도 안전하다고 느끼지 못했다. 학기 초에는 한 남학생이 아시아 여학생들에게 하는 행동이 유독 불편하게 느껴져 차 선생님에게 면담을 요청한 적도 있다. 선생님은 내가 불편해하는 맥락을 충분히 이해하고 공감하면서도, 학교가 안전하고 신뢰할 수 있는 공간이라고 강조했다. 그때 선생님에게 이렇게 물었다.

"정말 확신해요? 이곳이 안전한 곳이라고 100퍼센트 확신해요?"

선생님은 굳건한 눈빛으로 나를 바라보며 말했다.

"내가 보장할게. 여기는 안전한 곳이야."

그건 이곳에 있는 모든 사람이 믿을 만하고 안전하다는 뜻이 아니었다. IPC 성폭력 대응 매뉴얼을 만든 사람으로서 무슨 일이 생기더라도 내가 이곳을 안전하게 만들어 나가겠다는 굳은 의지가 담긴 표현이었다.

차 선생님이 있었기에 나는 스무 해도 다 되어 가는 이야기를 꺼낼 수 있었다. 학생들 앞에서 말하면서 나의 감정은 담담하다가도 격렬해졌고, 일부러 아주 괜찮은 척하기도 했다. 이야기를 하고 며칠이 지난 후에도 내 고통보다는 내가 말했던 방법을 자꾸만 돌아본다. 나는 꼭 그 이야기를 그렇게 해야만 했을까. 차라리 아무 말도 하지 말걸. 이십 대에 여러 치유 모임에서 이 이야기를 했었고, 그래야만 살아갈 수 있었다. 나는 말하기가 사람을 살린다는 것을 알고 있다. 동시에 얼마나 힘든 일인가도 알고 있다.

친구들은 워크숍이 끝난 후에 나를 안아 주었다. 한 친구는 옆자리로 와서 이렇게 말했다.

"네 옆에 이렇게 앉아 있으니 지금 나는 정말 안전하게 느껴져."

또 다른 친구는 지나가는 길에 말했다.

"나는 네가 자꾸 자꾸 좋아져."

숨겨진 치유자

"너는 잘 모를 수도 있지만, 내 생각에는 네가 어쩌면 치유자인 것 같아."

그가 맞을 수도 있다. 그는 나보다 어리지만 성숙한 나라에서 태어나 살았고 많은 곳을 여행했으니까. 작은학교에서 일할 때 한 학부모님이 내게 이런 이야기를 해 준 적이 있다.

"이제 대안학교는 치유의 공간이 되어야 할 거예요. 일본은 이미 그런 추세라고 해요. 한국도 곧 그렇게 되지 않을까요?"

치유의 공간에서는 상처가 터져 나올 수 있다. 상처가 드러나지 않는 치유는 불가능하다. 학생들의 상처가 터져 나올 때마다 나의 상처 또한 움찔했다. 학생들과 내 상처는 서로 만나 깊은 가을 뱀사골 단풍처럼 활활 불타오르며 지리산을 홀라당 태워 버릴 듯했다. 내게 치유자가 될 자격이 있다는 생각이 들지 않았다. 나는 치유받아야 하는 사람이라는 대꾸에 친구가 대답했다.

"이 세상의 모든 치유자들은 단 한 명의 예외 없이 자기 자신이 치유되어야 했던 사람들이야."

다 내려놓고
놀기까지

파티, 저녁마다 파티다. 학생회가 파티를 주최하고 조리실 직원들과 선생님들도 마지막 만찬을 준비했다. 우리는 교장 선생님의 피아노 반주에 맞춰 비틀즈의 「헤이 주드」를 목청 높여 불렀다. 와인을 한두 잔 마시고 몽롱해진 나는 어깨에 온 세상을 짊어지지 말라는 가사에서 펑펑 눈물을 흘렸다.

서서히 이별을 준비해 온 봄 학기가 완전히 끝날 것이고, 나의 감정은 요동치고 있다. 갑자기 화가 났다 가라앉기도 하고, 불같은 울분이 가슴속에서 올라왔다 내려간다. 나는 밤늦도록 친구들과 거리낌 없이 춤추고 내지르며 울분을 풀어냈다. 앙헬 선생님이 말했다.

"이제 네가 다 내려놓고 노는 걸 보니 뿌듯하구나."

학교를 떠나기 며칠 전 아침부터 한 무리의 시끄러운 고등학생들을 태운 커다란 트럭이 동네를 왔다 갔다 하는 모습이 보였다. 다들 졸업식 때 쓰는 해군모자 같은 걸 쓰고는 술병을 높이 치켜들고 환호했다. 지나가는 사람들이 휴대폰을 꺼내 사진이라도 찍으면 환호성은 더더욱 커졌다. 트럭은 숲에서 꺾어 온 듯한 나뭇가지, 리본과 덴마크 국기로 장식되었고 따가운 햇볕을 피할 차양막이 쳐져 있었다.

"덴마크 고등학생들의 졸업 세레모니야. 아침부터 저녁까지 저 트럭을 타고 같은 반 친구집을 모두 돌아다니며 부모님들이 내주는 술을 마시는 거지."

"우와, 소렌도 고등학교 졸업할 때 저렇게 했어요?"

"그럼."

나는 이제라도 좀 놀아 보게 되어 다행이다. 조금 덜 진지해도 된다는 것, 아무것도 하지 않고 가만히 있는 시간을 허락해야 한다는 것, 긴장을 내려놓고 쉴 줄 알아야 한다는 것. 이것이 봄 학기가 내게 준 선물이다.

5
–
학생의 실패가
아니다

학생조교로
일하기

"당신 IPC로 가는 사람이죠?"

영국에서 여름을 보내고 덴마크로 돌아와 막 어둠이 내린 헬싱외르역 앞에서 버스를 탔을 때 일본 중년 여성이 물었다. 헬싱외르에서는 이제 동네 사람도, 선선한 저녁 공기도 내가 IPC 사람이라는 것을 알고 있는 것만 같다.

가을 학기 개학을 사흘 앞두고 학교에 도착했다. 이번 학기에는 학생조교로 일하며 공부하게 되었는데, 미리 학교에 와서 선생님들과 함께 개학 준비를 하기 위해서다.

학생조교는 다른 학생들과 똑같이 주당 28시간 수업을 받으면서 교사회를 도와 교육 활동을 진행하고 기숙형 학교에 필요한 잡무를 맡아서 한다. 학생조교가 되면 수업료 전액을 면제받는다. 2주에 한 번씩 열리는 교사회의에도 참석하면서 자연스럽게 교사와 학생을 잇는 역할을 한다.

매일 저녁 커먼룸에 있는 커다란 커피와 차가 담긴 통을 청소하고, 밤 10시가 넘으면 학교 건물 곳곳을 다니며 강의실과 강당, 체육관의 불이 꺼져 있는지 확인한 뒤 문단속하는 일이 학생조교의 주요 일과다. 학생조교는 IPC를 다녔던 학생들이 지원하면 교사회의를 거쳐서 선발되는데, 교사들이 중요하게 생각하는 것은 한 학기 동안 함께 일할 조교 세 사람의 팀워크다. 이번 학기에 나와 함께할 필리핀에서 온 카트리나는 에너지가 넘치고 활달하며 열정적인 사람이라 상대적으로 차분하고 연륜 있는 나와 좋은 팀을 이룰 거라는 교사회의 판단이었다. 또 한 팀을 이루기로 되어 있었던 파키스탄 친구는 덴마크 이민국에서 비자를 내주지 않았다. 최근 파키스탄에서 연이어 테러가 발생해 선생님들은 걱정하고 있다.

봄 학기가 끝날 무렵 소렌 교장 선생님은 나에게 거절을 할 줄 알아야 한다고 당부했다. 학생조교에게는 이것저것 부탁하는 사람들이 많으므로, 지치지 않으려면 적절하게 'No'라고 할 줄 알아야 한다는 것이다. 나는 이 말을 가슴에 새겼다. 함께 일하게 된 카트리나는 나보다 열 살 이상 어리지만 마음이 열려 있고 품이 큰 사람이다. 나는 그런 카트리나에게 의지하고 내가 할 수 있는 만큼만 일해 보기로 마음먹었다. 지난 여섯 달 동안의 IPC 생활이 가르쳐 준 지혜다.

사흘간 계속된 교사회의는 한국의 대안학교에서 경험했던 것과 크게 다르지 않다. 방학 동안 서로 어떻게 지냈는지 이야기 나누고, 논의 안건을 다룬다. 거트루드 선생님이 뜨개질을 하면서 회의를 진행했다. 흡연 구역을 다른 곳으로 옮기는 안건, 커먼룸에 비치된 커피를 공정무역 커피로 바꾸자는 안건 등이 나왔다. 자유로운 토론을 거쳐 의견이 모아지면 예산상 실행 가능한지 확인하고 집행을 맡을 소규모 위원회나 담당자를 자발적 참여로 정했다. 예를 들면 먹거리에 관심이 많은 앙헬 선생님이 어떤 종류의 커피로 바꿀지 알아보고 언제부터 시작할 수 있는지 검토하는 식이다. 일사천리로 진행되는 안건도 있고 지난 학기부터 지금까지 쉽게 풀리지 않는 문제도 있다.

교사회의 전에는 행정과 홍보 담당 직원, 청소와 시설 등 학교 관리를 담당하는 직원, 조리실 직원 그리고 교사 모두가 참여하는 전체 직원회의가 열린다. 직원회의는 교장 선생님이 지난 여름방학 단기 코스들이 성공적으로 끝난 것에 대해 감사를 보내면서 시작했다. 덴마크 호이스콜레는 봄, 가을 정규학기 이외에 여름 동안 1~3주짜리 단기 코스를 열기도 하는데 IPC는 덴마크어 코스와 셰익스피어 코스 등을 진행했다. 전체 직원회의는 밝고 격식 없는 분위기 속에서 이루어졌다. 개학을 앞두고 꼭 알아야 할 사항을 전하고, 협조를 구할 일이 있으면 이야기했다. 직원들은 각자의 영역에서 다른 일을 하고 있을 뿐 누가 더 중요하고 덜한 것이 없었다.

나는 주로 듣고만 있고 잘 알아들을 수 없을 때도 있지만 선생님들이 주고받는 이야기를 듣는 게 좋았다. 학기 초에 학생들이 어떻게 하면 잘 안착할 수 있을까에 관해 거트루드 선생님은 이렇게 발언했다.

"이제 곧 유럽 학생들의 엄청난 파티가 시작될 텐데, 그런 큰 문화적 차이로 낯설어할 아시아 학생들의 적응을 돕기 위해 우리가 뭔가 할 수 있는 게 없을까?"

그러자 아시아 출신의 차 선생님이 말했다.

"아시아 학생들이 직접 겪어 보는 것도 괜찮다고 생각한다. 굳이 먼저 보호할 필요가 있을까."

나는 마치 영화배우들을 경이롭게 바라보듯이 선생님들의 팬이 되어 가고 있다. IPC에서 여섯 달 넘게 살면서 두 선생님 모두와 학교 식당에서 밥을 먹은 적이 있다. 내가 밥 먹는 속도가 느려서 두 분이 먼저 식사를 끝낸 경우 거트루드 선생님은 "내가 먼저 자리를 뜨는 게 예의가 아닌 걸 알지만, 수업 준비를 해야 해서 먼저 갈게." 하고 일어났다면, 차 선생님은 끝까지 맞은편에 앉아 있었다. 그런 차 선생님에게 "차, 왜 그렇게 앉아 있어요? 먼저 가도 돼요."라고 얘기하자 선생님은 이렇게 대답했다.

"안 돼. 나는 갈 수 없어."

"왜요?"

"나는 아시아 사람이잖니."

선생님의 대답에 우리는 크게 한바탕 웃었다. 두 선생님은 이렇게 다른 문화권에서 자랐지만, 새로 올 학생들이 학기 초에 겪게 될 문화적 차이로 인한 어려움이 무엇인지 알고 있다. 그리고 그 어려움을 서로의 문화를 존중하는 태도로 풀어 가고자 한다.

무엇이
두려웠던 것일까

햇볕이 강하지만 습도가 높지 않아 상큼한 8월 중순. 교정은 싱그러운 초록빛 잎사귀 속에 노란 꽃들을 품고 있다. 카트리나와 나는 머리에 꽃을 꽂고 새로운 학생들을 맞이했다.

학생들이 도착한 첫날 우리는 현관에서 열쇠와 담요, 침대와 이불 커버 등을 나눠 주고 긴 복도를 걸어 기숙사 방으로 안내했다. 한꺼번에 학생들이 도착해 정신이 없는 와중에도 내가 IPC에 처음 왔던 지난 1월의 차가운 겨울날이 떠올랐다. 그때 나를 남극 복도로 안내했던 브라질에서 온 학생조교가 그리웠고, 봄 학기를 함께했던 친구들이 그리웠다. 낯익은 얼굴들이 저녁이면 두런두런 모여 앉아 수다를 떨던 커먼룸이 새로운 얼굴들로 채워지니 기분이 묘했다. 나와 내 친구들의 집이었던 이곳이 새로운 사람들의 집이 되어 가고 있다. 지난 95년 동안 학교는 내내 이 자리에서 수많은 사람들의 집이 되었겠지.

새로운 학생들을 맞이한 학교는 다시 사람과 사람, 사람과 공간이 서로를 알아 가는 활동을 시작했다. 학기 초의 이런 분주함과 다양한 교육 프로그램은 한국의 대안학교와 크게 다르지 않다. 교육이 이루어지는 장소와 학생, 교사가 다를 뿐이다. 그리고 95년의 노하우에서 비롯된 여유와 자신감, 안정성도 차이라고 할 수 있을 것이다. 카트리나와 나는 강당에 식기를 들고 와서 설거지 하는 법을 알려 주는 프레젠테이션을 하고, 설거지 당번표를 만들고, 소그룹 미팅을 위한 조를 짜고, 학교 생활이 낯선 학생들이 도움을 청할 때면 달려갔다. 봄 학기의 학생조교 세 사람을 떠올리면 어딘가로 달려가는 이미지가 제일 먼저 생각났는데, 이제 내가 그러고 있다.

선생님들은 전교생을 각각 열에서 열두 명가량의 콘택

트 그룹으로 나누었다. 출신 국가, 대륙, 언어, 성별, 나이를 다양하게 배치하고, 이틀 동안 공동체 놀이 등에서 받은 인상을 통해 활발한 학생과 차분한 학생을 섞으려고 노력했다. 특별히 도움이 필요하다고 생각되는 학생이 그룹 내에 편안하게 의지할 만한 다른 학생이 있는지도 확인했다. 하지만 짧은 첫인상의 한계를 경험을 통해 알고 있기에 절대적으로 신뢰하지는 않는다고 한다.

학생과 선생님의 조화를 보기도 한다. 예를 들어 새로 온 선생님의 그룹에는 지난 학기에 이어 이번 학기에도 학교를 다니는 학생이 한 명쯤 배정된다. 청소 도구함이 어디 있는지, 쓰레기 분리수거는 어떻게 하는지 등등을 잘 아는 학생이 교사에게 도움을 줄 수 있기 때문이다. 한 교사는 자신의 그룹에 배정된 특정 학생과 잘 지낼 수 있을지 자신이 없다고 했다. 지난 학기에 비슷한 성향의 학생을 맡았는데 감당하기 어려웠다고 하자 연륜이 있는 다른 교사가 맡겠다고 자원했다.

작은학교에서 담임 교사로 학생들을 만날 때 학생과 잘 맞는 경우도 있었고, 그렇지 않은 경우도 있었다. 잘 맞았던 학생은 선물 같은 인연이 되었다. 잘 맞지 않았던 학생은 가슴 깊숙한 곳에 남았다. 서로 잘 지내 보려 했지만 자꾸만 어긋나 학생 앞에서 눈물 흘리는 날들이 이어진 때도 있었다. 소리 없이 눈물이 흐르기 시작하면 제어가 되지 않았다. 자꾸 우는 교사를 봐야 하는 일은 학생에게도 큰 스트레스일 것이었다. 나는 학교를 떠나기로 선택했다.

콘택트 그룹을 정하는 IPC 교사회의를 보면서 생각했다. 감당하기 어려울 듯한 학생의 담임을 맡게 되었을 때 나는 왜 자신 없다고 말하지 못했을까. 무엇이 두려웠던 것일까.

작은학교를 떠나던 해 겨울방학식이 끝나고 운동장에서 만난 한 어머니에게 나는 농담처럼 말했다.

"저 도망가는 거예요."

"괜찮아, 쌤. 도망가도 괜찮아."

어머니는 손수 바느질한 색이 고운 복주머니를 떠나는 내게 선물해 주었다. 그 복주머니는 따뜻한 오렌지색 조명을 받으며 기숙사 내 방에 걸려 있다.

소렌이 부르는
노래

주말 저녁 새로운 학생들과 커먼룸에 모여 노래를 부르던 교장 선생님이 수퍼트램프의 「논리적인 노래(The Logical Song)」를 힘차게 부른다. 어른들은 나를 합리적이고, 논리

적이고, 책임감 있고, 현실적이게 되도록 가르치는 곳에 보냈지…….

"이 노래는 교육에 대한 노래이자 우리 인생에 대한 노래예요. 2014년 한국에 갔을 때 불렀던 노래이기도 하죠."

"맞아요, 소렌. 저 그때 거기 있었어요."

"알고 있어요."

사실 교장 선생님은 모든 것을 다 아는 분이다. 1교시 합창 수업은 출석을 부르지 않아 우리는 때로 수업을 빼먹고 늦잠을 잤지만, 희한하게도 선생님은 누가 결석했는지 알고 있었다. 한 학생은 교장 선생님 맞은편에 앉아서 점심을 먹다가 "오늘 아침 수업에 네가 없어서 섭섭했어."라는 말을 듣고 화들짝 놀랐다.

2014년 가을 소렌 선생님은 한국에 왔다. 하자센터에서 열린 '창의 서밋' 오프닝 무대를 장식한 선생님은 피아노를 치며 이 노래를 불러 순식간에 객석을 사로잡았다. 그리고 내 삶의 방향을 틀었다. 그때 나는 덴마크 호이스콜레를 처음 알게 되었다. 후렴 가사처럼 내가 누구인지 간절히 알고 싶어 하던 무렵이었다.

덴마크 인어공주는
디즈니 만화와 달라

드물게 따뜻한 8월이라고 한다. 계속되는 화창한 날씨에 덴마크 사람들은 "이런 날은 해변에 가야 해!"라며 들떠 있다.

지난봄 앙헬 선생님에게 덴마크의 여름 날씨는 어떤지 묻자 선생님은 대답 불가라고 했다. 어떤 해에는 바람이 많이 불고 흐린 추운 여름을 보내기도 한다. 그래서인지 덴마크 사람들은 햇빛이 찬란한 날이면 기를 쓰고 야외에 나가 시간을 보낸다. 학생들은 쉬는 날이면 삼삼오오 어울려 해변에 간다. 나는 때로 그들 속에 섞여서, 때로 혼자 자전거를 타고 해변으로 간다. 언제 사라질지 모를 이 귀한 늦여름 햇빛을 만끽하고 싶다.

한가한 날 크론보르 성 근처 해변에 가니 할머니에서부터 젊은 여성까지 아무렇지도 않게 가슴을 드러내고 모래사장에 드러누워 햇살을 즐긴다. 눈이 많이 내린 지난겨울 알몸으로 바닷물에 뛰어들어 수영하고 나오는 동네 할머니들을 만났던 게 생각난다. 놀란 우리에게 할머니들은 여유 있게 눈인사를 보냈다. 한 독일 친구는 이곳이 스칸디나비아라서 가능한 일이라고, 독일만 해도 많이 보수적이라고 한다.

덴마크 알아 가기 수업을 진행하는 예니 선생님은 인어공주에게 조개껍질 모양의 가슴 가리개를 입힌 곳이 미국의 애니메이션 회사 디즈니라고 설명했다. 디즈니사는 안데르센의 동화 「인어공주」를 애니메이션으로 만들 때 1971년에 나온 덴마크 애니메이션 「베니의 욕조」에서 영감을 받았다. 「베니의 욕조」는 지루한 일상을 살아가던 소년 베니가 올챙이와 함께 집안 욕조로 잠수했다가 마법의 바다 세계를 만나는 이야기다. 바닷속에서 베니는 해적과 문어, 인어공주를 만나며 환상적인 모험을 한다. 1970년대의 자유롭고 진보적인 시대상이 반영된 이 애니메이션 속의 인어공주는 가슴 가리개를 하고 있지 않다. 이를 본 미국 애니메이션 관계자들은 무척 놀랐다. 당연히 가슴을 가린 디즈니사의 인어공주가 성적으로 대상화된 여성의 모습에 가깝다. 가슴을 신체의 자연스러운 일부라고 생각하는 문화에서는 불편하게 옥죄고 싸매어 가릴 이유가 없었던 것이다.

해변 모래밭에 상의를 벗고 누워 바닷바람을 맞는 건 어떤 기분일까. 수업이 끝난 맑은 날 오후 혼자 자전거를 타고 해변으로 갔다. 나를 아는 누군가와 함께 갈 자신은 없었다. 자전거를 해변 앞 주차장에 세우고 연한 초록풀 사이로 난 흰 모랫길을 걸어가며 안전해 보이는 곳을 탐색했다. 백사장 한가운데 누워서 햇볕을 쬐고 있는 할머니가 보였다. 몇 걸음 떨어진 곳에는 앉아서 책을 읽는 중년 여성이, 그 근처에는 중년 부부가 있다. 여성들은 모두 상의를 안 입은 상태다. 나는 적당히 거리를 두고 자리를 잡았다. 눈치를 보며 쭈뼛쭈뼛 윗도리를 벗었으나 아무도 나에게 관심이 없다.

외레순 해협에 잔잔한 파도를 일으키며 불어오는 바람이 상쾌하다. 할머니들처럼 모래 사장에 누워 본다. 등에 닿는 모래 알갱이가 부드럽다. 모래의 감촉은 이런 것이구나. 새털구름 몇가닥이 떠 있는 하늘이 눈부시게 푸르다. 해방감이 밀려온다. 이런 걸 여태 모르고 살았다니.

나는 숲에도 갔다. 함께 일을 하는 카트리나에게는 내가 자주 숲에 간다는 걸 알렸다. 종종 자리를 비우곤 하는 나를 카트리나는 있는 그대로 받아들여 준다. 100명이 넘는 사람들과 함께 살아갈 때에는 오롯이 혼자가 되어 나 자신을 돌보는 시간이 꼭 필요하다.

학교 숲에서 가장 크고 오래되었으며 신령한 기운을 내뿜는 포플러 나무 쪽 호숫가에 자리를 잡고 앉는다. 이른 가을 낙엽이 하나둘 땅으로 내려앉는 소리가 들린다. 매일 비슷한 시간에 같은 장소에 말없이 앉아 있으면 그날그날 미세하게 달라지는 바람의 서걱거림을 느낄 수 있다. 매일 들리던 새의 울음이 뚝 멈춘 날도 있고, 고요하던 호수가 야생

여우들의 결투로 격렬하게 소용돌이치는 날도 있다. 숲은
내게 이렇게 속삭이는 듯하다.

'잘 왔어. 여기 잘 왔어.'

쿠르드족
친구들과 함께

학생조교의 재미있는 업무 중 하나는 교내 중고품 가게를
운영하는 것이다. 전 세계 학생들이 들고 나는 학교에는 학
기말이 되면 물품이 산더미처럼 쌓인다. 여기에 교직원의
기증 물품까지 더해져 학교 지하에 있는 가게와 창고에 물
건이 마를 날이 없다. 옷이 가장 많고, 작은 문구류에서부터
화장품과 빨랫줄, 빨래바구니까지 생활에 필요한 웬만한 살
림살이가 다 있다.

보통 학생들과 똑같이 수업을 듣는 학생조교들이 항상
가게를 지키고 있을 수는 없다. 언제나 다양한 행사가 열리
는 학교에서 모두가 공평하게 가게를 이용할 수 있도록 학기
초에는 일주일에 한 번쯤 문을 연다. 물가가 비싼 덴마크에
서 생필품을 싸게 구하기 위해 학생들은 문이 열리기 30분
전부터 길게 줄을 섰다가 가게 문이 열리면 환호성을 지르
며 물건 구경을 한다. 카트리나가 그 모습을 동영상으로 중

계하는 동안 나는 가게 밖 복도에 빨간 하트 모양 돈통을 놓고 앉아 물건 값을 받는다. 가격은 모두 한국 돈으로 2000원이 조금 안 되는 10크로나. 수익금은 모두 장학기금으로 들어간다. 중고 가게를 연 다음 날 동전을 한가득 들고 매너하우스의 회계 담당자에게 전하는 것까지 나의 일이다. 그런데 여기에서도 외상을 부탁하는 친구들이 꼭 있다. 이 경우에는 어린 학생들에게 안 된다고 좀처럼 하지 못했다. 잊어버리고 안 갚는 친구들에게 장부를 들고 쫓아다니며 외상값을 받는 것도 일이다.

한번은 유럽 친구가 지갑을 깜빡하고 안 가져왔다며 방에 다녀오겠다고 한다. 지하 중고 가게에서 기숙사 방까지는 한 건물이라도 꽤 먼 거리다. 그런데 옆에 있던 친구 굴나즈가 계산하겠다고 나서는 것이다. 정말 고맙다고, 내일 갚겠다는 말에 굴나즈는 큰 금액이 아니니 자기가 내겠다고 한다. 쿠르드족인 굴나즈는 남편 아부드와 함께 전쟁을 피해서 유럽으로 넘어왔다. 저녁이면 학교 식당 대신 공동 부엌에서 쿠르드족 친구들과 함께 중동 음식을 해 먹곤 한다. 그가 만든 케밥은 세상에서 가장 맛있는 케밥이었다.

시리아에서 온 또 다른 쿠르드족 친구는 어느 날 학교 잔디밭 벤치에서 혼자 점심을 먹고 있던 내게 다가와 식사를 마칠 때까지 맞은편에서 기다려 주었다. 쿠르드족 친구들은 끊임없이 들려오는 고향의 폭격 소식 속에서 매일 아침 눈을 뜨면 가족과 친구들이 살아 있는지 확인하고, 가족들을 덴마크로 데려오기 위해 백방으로 애쓰고 있다. 이런 상황에서도 동전을 깜박 잊은 친구를 위해 기꺼이 지갑을 열고, 혼자 밥 먹는 사람에게 마음을 쓴다. 저녁이면 친구들을 불러서 요리를 해 먹이고, 주말 파티에서 예쁜 옷을 입고 춤을 춘다. 매 순간 살아 있다는 건 이런 것이다.

동성 결혼식 주례를 서는
동네 목사님

긴 교회 의자에 앉아 기다리는데 친근한 동네 아줌마 같은 차림의 여성이 여유롭게 걸어와 우아한 하얀색 주름 목 칼라가 달린 검정색 외투를 입기 시작한다. 성직자가 되면 무게 7.5킬로그램에 달하는 이 크고 두꺼운 사제복을 8년에 한 벌씩 받는다고 차분하게 말하며 단추 하나하나를 채우자 마침내 그는 목사님의 모습이 된다.

봄 학기에 거트루드 선생님과 차 선생님의 수업을 집중해서 듣고 나니 이제 두 선생님 수업 중에는 듣지 않은 것이 없었다. 가을 학기에 선택한 좀 더 편안한 수업 중 하나가 덴마크 알아 가기로, 덴마크의 역사와 정치, 문화, 교육, 사회

제도를 공부하고 가까운 거리에 있는 유적지, 복지 시설 등을 방문하는 수업이다. 오늘 방문한 곳은 학교에서 5분 거리에 있는 베스터방 교회. 지난 봄 학기에 일요일 아침이면 찾곤 했던 교회다.

목사님에 따르면 일요일 아침 예배에 참석하는 사람의 숫자가 줄어드는 것이 사실이지만, 교회에서 주최하는 음악회나 바자회 등의 행사에 오는 사람의 숫자는 늘어나고 있다. 점점 빈부 격차가 벌어지고 있는 상황에서 교회가 할 수 있는 사회적 역할이 있으리라는 것이다. 긴 여름 휴가 기간이면 덴마크 사람들은 보통 캠핑이나 가족 여행을 가는데, 모두가 그럴 수 있는 건 아니다. 여행을 떠나지 못하는 형편인 아이들이 소외감을 느끼지 않도록 교회에서 여름 캠프를 연다.

덴마크에서도 목사라는 직업은 일이 많고 급여가 적어 헌신이 요구된다. 목사님은 교회가 오늘날의 덴마크를 만드는 데 역사적으로 큰 역할을 했고, 지금도 여전히 사회에 영향을 주고 있다고 한다. 목회 일을 할 때 기본적인 원칙은 덴마크 사회를 지탱하는 민주주의적인 상호 존중이다. 예를 들어 동성 결혼이 허용되는 덴마크에서는 동성 커플이 교회에서 결혼식을 올릴 권리가 보장된다. 그러나 목사 개인이 원하지 않는다면 동성 결혼의 주례를 서지 않을 수 있다. 여러 목사들 중에서 원하는 사람이 주례를 보는 것이다. 오늘 만난 목사님 자신은 동성 결혼의 주례를 서는데, 그러지 않는 동료들도 있다고 한다. 이렇게 생각이 다른 사람들이 함께 일하지만 서로의 선택을 존중하기 때문에 충돌이 일어나는 경우는 거의 없다.

옛날 엄격한 개신교 국가였던 덴마크에서 그 자신이 목사이기도 했던 그룬트비는 만약 자기가 살고 있는 동네 목사에게 동의하지 않는다면 다른 교회로 가도 좋다고 했다. 시민들에게는 원하는 사제를 선택할 권리가 있으며, 사제에게는 자신의 생각을 말할 권리가 있다는 것이 동네 목사님이 차근차근 들려준 이야기다.

아드리안의
이야기

그는 안정되어 보인다. 당당하고 차분하다. 주저함이 없다. 이제 인생에서 다음 단계의 질문과 마주할 준비가 되어 있는 것 같다. 독일 학생 아드리안은 여성의 몸으로 태어났으나 자신과 맞지 않는 몸이라고 존재 깊이 느꼈다. 그는 가족의 지지와 독일 의료 체제의 지원을 받으며 남성으로 성확정 수술을 했고, 성별을 정정하는 과정을 거쳤다. 아드리안의 인생 이야기가 수요일 오후 워크숍 시간에 펼쳐졌다.

페미니즘을 가르치는 영국 출신의 펠리시티 선생님이 토크쇼 진행자처럼 사회를 보았고, 평소에 워크숍에 들어오지 않는 다른 선생님들도 그의 이야기를 듣기 위해 모여들었다. 학생조교인 나는 몇 주 전부터 선생님들이 공들여 이 시간을 준비해 왔음을 알고 있다. 가을 학기에는 자신이 성소수자임을 자연스럽게 드러내는 학생들이 있다. 공허한 구호가 아니라 '살아 있는 말'을 통해 진짜 인생을 배워 나가는 학교에서는 그들의 이야기를 수업에 불어넣고자 했다. 이는 학생에게 자기 인생을 열어 보이는 대담함과 용기가 있을 때에만 가능한 일이다.

아드리안에게는 그런 힘이 있다. 많은 어려움이 있었지만 굉장히 운이 좋고 긍정적인 사람이다. 펠리시티 선생님은 우리가 그의 이야기를 들을 수 있는 것이 엄청난 특권이라고 말한다. 나는 이런 교사들을 만난 것이야말로 커다란 행운이라고 느낀다.

10여 년 전 학교에 HIV 감염인이 입학한 적이 있다. 교사회는 이를 HIV 감염인에 대한 편견을 없애는 교육을 할 절호의 기회로 받아들였다. 그 학생이 마음을 열어 주었기에 교사회는 전체 모임 시간에 그의 이야기를 듣는 시간을 마련했다. 의사도 초청해서 HIV와 에이즈에 대한 특강을 이어서 들었다. 모임이 끝난 후 학생들은 길게 줄을 서서 그 친구를 안아 주었다. 학기가 끝난 후 고향으로 돌아간 그는 두 해 지나 세상을 떠났다고 한다.

미술 선생님과의
대화

"커다란 포플러 나무 기둥에서 강렬한 느낌을 받아 시작한 그림이고, 그 느낌에 집중했어요. 지금까지 그려진 걸 보면 기둥이 가진 강렬함은 느껴지는데요. 고민되는 것은…… 사실 이 나무를 실제로 보면 굉장히 생명력이 넘치거든요. 그런데 제가 그린 그림에서는 나무가 가진 생명력이 느껴지지 않아요. 기둥만 남은 죽은 나무처럼 보인달까."

그러자 캐트린 미술 선생님이 내게 묻는다.

"이 나무가 가진 생명력이 어디서 오는 것 같아?"

"잎이요. 이 나무는 잎이 정말 많아요."

캐트린은 파스텔을 들고 잎의 생명력을 표현하는 법을 알려 주며 덧붙인다.

"겨울에 이 나무는 지금 네가 그린 모습과 같아. 그러니 이파리 하나 없이 죽은 듯 보이는 모습도 어쩌면 나무의 삶에서 한 부분 아닐까. 지금 우리가 살고 있는 이 계절의 나무가 가진 생명력을 표현하고 싶다면, 내가 알려 주는 방법을 참고해도 좋아. 그런데 이 방법은 지금까지 네가 그림에서 쓴 스타일과 다르니까, 원하지 않는다면 내가 손댄 부분을 언제든지 지워도 돼."

거의 한 달째 미술 시간에 나무 한 그루를 그리고 있다. 첫 시간에 손 풀기로 연필을 들고 뭐든 그려 보라 했을 때 나는 나무판에 종이를 고정시키고 밖으로 나갔다. 아직 이슬이 마르지 않은 풀밭에 낡은 외투를 깔고 앉아 오래된 포플러 나무를 그리기 시작했다. 지난겨울 눈 쌓인 학교 숲속에서 처음 본 호숫가의 큰 나무. 나는 나무에서 눈을 뗄 수 없었고, 종이에서 연필을 뗄 수가 없었다. 스케치가 끝난 후에는 미술실로 들어와 창가에 자리를 잡고 파스텔로 색을 칠했다. 다른 친구들이 틀어 놓은 음악을 들으며 천천히 나무를 그렸다. 그러다 어떤 지점에서 막히면 캐트린 선생님과 대화를 했다. 그건 한국의 미술 시간이나 학원에서 경험했던 것과 달랐다. 오늘 내 포플러 나무 그림을 들여다보던 캐트린이 말한다.

"여기 왼쪽 위로 뻗은 이 조그마한 가지가 나는 이해되지 않아. 이 나무에 있는 다른 모든 가지들은 조화롭거든. 일관된 에너지의 흐름이 있어. 그런데 이 작은 가지가 무언가 불편하게 느껴져."

"아, 뭔가 그림이 계속 과해진다고 생각하고 있었어요. 무언가를 빼야 한다고 생각하고 있던 참이었어요."

"이 가지가 지워질까?"

캐트린은 지우개를 들고 내가 연필 스케치 위에 파스텔로 색칠한 부분을 살짝 지워 본다. 그런데 잘 지워지지 않는다.

"흠, 지워지지 않는다면…… 분명 네가 이 가지를 그린 이유가 있을 거야. 모든 것에는 이유가 있으니까. 지금은 모를 수도 있지. 그런데 그림이 꼭 조화로워야만 할까. 그림을 보다가 불편해지면 안 되는 걸까. 여기에서 이 그림을 불편하게 하는 게 이 가지의 역할이 아닐까."

잠시 생각하다가 캐트린이 말을 잇는다.

"선택은 너에게 달려 있어. 이 가지를 살려 둔 채 좀 더 조화롭게 주변을 그려 나갈 수도 있고……. 다른 지우개를 쓰면 지워질까?"

"가능하다면 이 가지를 지워 보고 싶어요. 다른 지우개로 일단 시도해 볼래요."

지우개질을 하다 어쩌면 무언가 불편한 저 나뭇가지도 내 모습 중 하나가 아닐까 하고 생각했다. 지워 내고 싶은 가지는 희미한 흔적으로 그림에 계속 머물러 있다.

가을 텃밭을
가꾸며

루바브는 신기한 식물이다. 커다란 이파리가 우엉잎 같기도 하고 연잎 같기도 하다. 줄기 아래쪽은 선명한 붉은색이다. 봄 학기에 율리 선생님은 텃밭 수업 간식으로 루바브를 넣은 새콤달콤한 디저트를 만들어 온 적이 있다. 그냥 먹으면 신맛이 강해 이곳 사람들은 루바브를 설탕에 재어 타르트나 파이를 만들어 먹는다.

나는 학교 텃밭 한 구석에서 1인용 텐트 하나는 칠 땅을 차지하고 있는 이 신기한 식물을 어떻게든 수확해 먹어 보고 싶었다. 한 줄기 떼어 내고 보니 우산으로 쓸 만큼 이파리 크기가 넉넉하다. 잎을 떼고 줄기를 손가락 한 마디 길이로 썰어 믹서기로 갈았다. 즙을 따라 내서 탄산수와 설탕을 넣고 휘휘 젓자 상큼한 주스 맛이 났다. 한 주전자에 IPC 텃밭 루바브 주스라고 써 붙여 커먼룸에 가져다 놓았더니 곧장 동났다. 남은 루바브 줄기로는 잼을 만들었다. 냄비에 설탕을 넣고 저으며 푹푹 끓이면 되었다. 걸쭉해진 루바브 잼을 식혀서 소독한 유리병에 담아 아침 식사 시간에 빵에 발라 먹게 내놓았다. IPC 텃밭 루바브 잼은 많이 새콤해서 주스보다는 인기가 덜했다.

봄 학기 친구들이 만들어 놓고 떠난 텃밭은 여름 동안 와글와글 성장한 초록으로 가득하다. 키가 사정없이 자란 해바라기는 활짝 핀 꽃에 맺힌 씨앗이 무거워 고개를 떨군다. 깊어 가는 가을밤 해바라기 씨앗을 안주 삼아 커먼룸에서 맥주잔을 기울일 수 있을지도 모른다. 온실에는 방울토마토가 매일 익어 간다. 허브 스파이럴에 로즈마리, 박하, 타임 같은 허브들이 마법처럼 자라서 빅토리아와 아나가 달팽이 모양으로 쌓아 올린 돌무더기가 안 보일 정도다. 아직 쌀쌀했던 이른 봄 삽질에 톱질을 거듭하며 뽑아 냈던 외래 식물 호장근도 끈질긴 생명력으로 울타리 사이를 비집고 올라와 있다. 사람 키보다 높이 자라 눈처럼 하얀 꽃을 피워 냈지만, 너무 많은 자리를 차지하고 있으니 이번에도 잘라 내야 했다. 가을 학기 텃밭 수업 시간에 노르웨이에서 온 청년이 톱으로 쓱삭쓱삭 잘라 리어카 가득 몇 번을 실어 날랐다. 잘라 낸 호장근은 다시 뿌리를 내리지 못하도록 말려서 태웠다.

나는 틈이 날 때마다 밭으로 가서 토마토를 따고 허브를 꺾어 온다. 벌써 땅에 떨어지기 시작한 사과를 주워 벌레 먹고 썩은 부분을 오려 내고 주스로 만든다. 눈 앞에 굴러다니는 먹거리를 그냥 두고 볼 수가 없다. 작은학교를 다니던 시절 가을이면 고구마를 캐 저장하고, 감을 깎아 곶감을 만들던 감각이 몸에 남아 있다. 어떤 날은 여기저기 굴러다니는 컵에 허브를 종류별로 나누어 꽂고 이름을 써 붙였다. 민트, 타임, 로즈마리, 레몬밤, 박하를 피터 매니케의 초상화가 걸려 있는 커먼룸 한쪽 테이블에 올려놓았다. 빨간 토마토와 사과를 담은 둥근 접시 뒤로 허브 유리잔 여덟 개가 반원을 그리는 가운데 누군가가 따다 놓은 해바라기꽃 한 송이까지 올리니, 마치 피터 매니케에게 바치는 감사의 제단이 된 것만 같다.

가끔 봄 학기에 함께 밭을 만들었던 친구들이 메시지를 보내온다. "안녕, 내가 심은 해바라기는 잘 자라고 있어? 사진 좀 찍어서 보내 줘." 몰라보게 변한 텃밭 사진을 보내 주며 친구들이 그리웠다. 가을 학기 친구들에게 내가 커먼룸에 가져다 놓는 토마토와 허브는 봄 학기 친구들이 심고 간 것이라고 이야기해 주었다. 수천 킬로미터 떨어진 고국으로 돌아간 친구들은 다음에 올 누군가를 위해 기쁜 마음으로 작물을 심었다고. 여러분이 이 토마토와 해바라기 씨앗을 먹고, 따뜻한 허브 차를 마실 때면 그들의 사랑을 먹고 마시는 거라고.

학생조교의
외로운 삶

밤 10시. 한 손에 열쇠 꾸러미를 들고 이제는 눈 감고도 다닐 만큼 익숙해진 동선을 따라 문단속을 한다. 매일 정해진 시간에 다니다 보면 먼 나라에 있는 애인과 통화하는 학생을 마주치기도 하고, 어떤 날은 늘 씩씩해 보이던 친구가 복도 끝 계단에 주저앉아 고개를 파묻고 흐느끼는 모습을 보기도 한다.

현관을 거쳐 맨 아래 반지하층에서 기숙사 3층까지 이어지는 문과 복도 창문을 닫으러 다니는 밤 10시의 공기를 나는 사랑한다. 한참 혈기 왕성한 젊은이들이 그 시간에 하루를 마감할 리 만무하니 어딘가 알 수 없는 곳에서 그들만의 세계가 시작되고 있을 것이다. 복도를 휘감는 침묵 속에는 언제나 묘한 설렘이 감돌고 나는 20년, 아니 10년만 더 일찍 이곳에 오지 못해서 아쉽다.

가을 학기가 시작된 지 한 달. 여기저기 바쁘게 뛰어다니다 보니 함께 일하는 카트리나 말고는 새로운 친구들을 사귀지 못했다. 학생조교라는 역할은 교사회와 학교 내부의 모습을 가까이서 볼 수 있다는 장점이 있지만, 학생들과 스스럼없이 어울려 놀기에는 보이지 않는 벽이 있는 것 같다.

학생의 실패가 아니다

때로 학생들은 학교에 대한 불만이나 이해할 수 없는 점을 쏟아 내기도 하는데, 그건 나 역시 봄 학기 초반에 느꼈던 불편함이자 이제는 희한하게도 아무렇지 않게 느껴지는 일들이다. 봄 학기를 살면서 한 차례 변화를 경험한 나는 학교가 가진 힘이 무엇인지 알고, 시간이 지나면 그들에게도 자연스럽게 느껴질 것이라 생각한다.

내 방에서 키우던 히비스커스가 다시 꽃을 피웠다. 아주 추웠던 지난겨울 혼자 시내로 산책을 갔다가 히비스커스 화분을 샀다. 화분을 안고 학교로 돌아오는 길에 다니엘 선생님이 "와, 꽃을 받았구나! 누구한테서 받았니?"라고 물어왔다. 나는 조용히 웃으며 "나한테서요."라고 대답했다. 쓸쓸하고 답답하고 긴 겨울을 보내며 이렇게 화분을 사들이고, 산책길에 숲에서 주워 온 나뭇가지를 빈 와인병에 꽂으며 방 한쪽을 정글로 만들었다. 조그마한 플라스틱 화분에 심긴 히비스커스 나무는 탐스러운 주황색 꽃을 열 송이 넘게 피워 냈다. 나는 모든 사람들이 함께 볼 수 있도록 히비스커스 화분을 커먼룸으로 옮겼다. 그동안 방에서 나의 온갖 근심과 기쁨과 설렘, 어두움과 밝음을 함께한 히비스커스는 이제 커먼룸의 커다란 창문가에서 다른 화분들과 살며 여기에 물을 주는 교직원들의 보살핌을 받게 될 것이다. 그리고 내년이 되면 이곳에서 울고 웃을 다른 학생들의 근심과 기쁨을 함께하겠지.

나는 이별을 준비하고 있다. 봄 학기를 마치며 한차례 큰 헤어짐을 겪은 나는 가을 학기의 시작과 동시에 우리가 이별의 시간을 향해 달려가고 있음을 안다. 이것이 호이스콜레에서 보내는 시간은 한 학기가 가장 적절한 이유일지도 모르겠다.

동네 중학교를
방문하다

한국 나이로 치면 중학교 1학년, 덴마크에서는 7학년에 해당하는 학생들의 교실에 방문했다. 덴마크 알아 가기 수업으로 동네 중학교에 온 것이다.

넓고 세련된 교실에 삼삼오오 모여 앉아 자기소개를 하고, 곱게 접힌 종이쪽지 몇 개 중 하나를 집어 든다. 쪽지 하나를 펴니 '게이 프라이드(gay pride)'라고 적혀 있다. 이제 이 종이를 책상 한가운데 두고 이야기를 시작한다. 중학생 친구들은 덴마크에서는 성소수자의 인권이 보장되며 법적으로 완전히 평등하다고 말해 준다. 그러고는 너희가 온 나라에서는 어떠냐고 묻는다. 우리도 알고 있는 대로 현실을 이야기해 준다. 덴마크 중학생들에게는 먼 나라의 이야기다.

학생의 실패가 아니다

또 쪽지 하나를 펴 본다. '덴마크에서 세금으로 무상 제공 되는 것들'이라고 쓰여 있다. 덴마크에서는 소득의 절반에 달하는 많은 세금을 내기에 자기들이 무료로 공부할 수 있고 아플 때 무료로 치료받을 수 있다는 설명이 따른다. 언젠가 IPC를 방문했던 한 덴마크 학생은 돈을 많이 버는 자기 아버지가 세금을 많이 내는 걸 자랑스러워했다. 그 세금으로 어려운 환경에 있는 친구들도 자신과 똑같은 기회를 가질 수 있으니, 이러한 조세 체제가 덴마크의 가장 큰 자랑이라고. 오늘 만난 학생들도 차분하고 안정적인 목소리로 덴마크의 높은 세율과 복지 제도에 대해서 이야기하고, 우리가 온 먼 나라의 사정을 물었다. 오늘 대화를 통해 덴마크 학생들은 자신들이 누리고 있는 복지 제도와 조세 체제를 다시 한번 돌아보게 될 것이다. IPC 학생들의 방문은 민주주의와 복지 제도가 당연하게 주어지는 것이 아님을 덴마크 청소년들에게 알려 주는 역할을 한다. 자기가 번 돈의 반을 세금으로 내는 헌신과 공동체 구성원에 대한 책임을 바탕으로 하는 복지 제도를 지켜 나가려면 이처럼 끊임없는 재교육이 중요하다.

우리는 몇 번 더 쪽지를 뽑아 휴가, 학교 규칙, 어른을 대하는 태도, 음식, 사회적 행동 등에 대해서 이야기했다. '만약 길에서 행인이 휴대폰을 잠깐 빌려 달라고 하면 내 휴대폰을 내줄 것인가'라는 질문에는 같이 앉은 모든 덴마크 학생들이 그러겠다고 대답했다. 나 역시도 휴대폰을 내줄 수는 있을 것 같지만, 혹시라도 돌려받지 못하거나 보이스 피싱에 쓰일 위험이 걱정되기도 했다. 교실에서의 이야기가 끝나고 학생들은 우리에게 학교 곳곳을 안내해 주었다. 생물실 등의 과학실, 수업 시간에 쓰는 조리실, 널찍한 교사 휴게실, 레고를 이용한 교육실까지 둘러보았다. 학생들을 위한 치과도 있다고 하는데 오늘은 가 보지 못했다. 천장은 높고 복도는 길고 학교는 넓었다. 로비에는 아름다운 조명이 달려 있었고, 복도 중간중간에 걸려 있는 학생들의 알록달록한 그림이 자유분방하고 다채로웠다.

학교를 한 바퀴 돈 뒤 안내해 준 학생들과 인사를 하고 나오면서 먼 외국에서 온 우리는 이 수업을 담당하고 있는 예니 선생님에게 묻는다.

"이 학교가 정말 평범한 공립학교가 맞나요?"

선생님은 무덤덤하게 그렇다고 대답한다. 아르헨티나에서 온 19살 학생이 이렇게 말한다.

"뭐라고 말해야 할지 모르겠어요. 난 아르헨티나에서 꽤 좋은 사립학교를 다녔거든요. 그런데 이 학교 시설이 내가 다닌 학교보다 여섯 배는 나은 것 같아요. 아르헨티나에는 언제쯤 모두 이런 환경에서 공부하게 되는 날이 올까요?"

평범한 동네 중학교를 구경하고 걸어 돌아오는 길에 가슴이 사무쳤다. 비단 나 혼자만의 감정은 아니었다. 이런 곳에서 어린 시절을 보낸 사람에게도 슬픔이 있을까. 있겠지. 그러니까 사람이겠지.

토르의 모험

"어느 날 토르는 친구들과 함께 길을 떠났어. 갖가지 모험을 하며 여행하던 중 거인들의 성 앞에 이르게 되었지.

거인들의 왕이 토르에게 뭐 내세울 만한 재주가 있느냐고 물어봐. 이 성에서는 특별한 재주가 하나쯤 있어야 묵어갈 수 있다면서 말이야. 힘이 세고 우직한 토르는 자신만만하게 대답해. 자기는 술을 진짜 잘 마신다고! 그러자 왕은 술잔과 술을 내오라고 한 다음, 이 잔에 담긴 술을 한 번에 다 마신다면 진짜 술꾼으로 인정해 주겠다고 제안해. 오랜 여행으로 목이 말랐던 토르는 술을 벌컥벌컥 들이켜기 시작하는데, 마셔도 마셔도 이상하게 술이 줄지 않는 거야. 결국 술잔을 다 못 비운 토르에게 거인 왕은 다른 제안을 해. 거인 왕의 궁전에는 커다란 고양이가 한 마리 있는데, 토르 신은 힘이 세기로 소문이 자자하니 그 고양이를 번쩍 들어 올려 보라고. 토르는 있는 힘을 다해 고양이의 허리를 잡고 당졌지만, 아무리 애를 써도 바닥에서 고양이 발을 떼 낼 수가 없었어. 마지막에 네 발 중 한 발만을 겨우 들어 올렸을 뿐.

자존심을 구긴 토르는 이 모든 것을 지켜보고 있던 궁전의 거인 대신들에게 결투를 청해. 싸움에는 진짜 자신 있으니 누구든 앞으로 나오면 이겨 보겠다고! 그러자 거인들의 왕이 늙은 유모를 궁정 대표 선수로 내보내는 거야. 이번에도 토르는 자존심 상했지만 유모와 싸움을 시작할 수밖에 없었지. 그런데 아무리 힘껏 밀어도 늙은 유모가 꿈쩍 안 하는 거야. 토르가 힘을 주면 줄수록 더욱 굳세게 버티고. 그런데 유모가 슬쩍 밀자 토르는 그만 한쪽 무릎을 꿇고 말았어. 힘으로는 누구도 당할 자가 없었는데 창피하기 이를 데가 없었지.

거인들과 대결하는 동안 밤이 깊어서 토르와 친구들은 성에서 잠을 자게 되었어. 다음 날 떠나는 토르 일행에게 왕은 이런 이야기를 털어놔. 사실 어젯밤 토르가 마신 술은 바닷물이었다고. 길고 뾰족한 술잔의 끝을 바다 속으로 연결해 놨는데 토르가 어찌나 많이 마셨던지 바닷물 높이가 낮아져서 썰물이 생겼다고. 토르가 들지 못한 커다란 고양이는 인간들이 살고 있는 지상의 세계를 바닷속에서 한 바퀴 휘감고 있는 거대한 미트가르트 뱀이었대. 그러니까 아무리 들어 올리려고 애써도 안 되었던 거지. 마지막으로 토르가 온 힘을 다해 싸웠지만 끝내 쓰러뜨릴 수 없었던 그 노파는 바로 세월이었어."

다시 한 차례의 이별과 만남을 겪었다. 가을 학기의 초반 여섯 주를 함께했던 친구 중 열 명이 떠나고 스무 명 남짓한 학생이 새로 들어왔다. 이별을 겪고 나면 학교는 눈물바다가 된다. 그렇지만 다시 마음을 수습하고 곧 새로운 사람들을 맞이해야 한다.

이런 전환의 시기에 학교에서는 평소와 다른 프로그램을 준비했다. 클라우스 선생님의 특강 '호이스콜레란 무엇인가'도 그중 하나다. 북유럽 신화의 한 토막을 이야기하는 선생님은 신이 나 보였다. 바닷물인지도 모르고 술잔을 벌컥벌컥 들이켜는 토르 흉내를 내는 모습이 압권이었다. 그 옛날 그룬트비 시대의 선생님들이 농민들에게 북유럽 신화와 전설을 들려주었던 것처럼, 덴마크 사람들이 사랑하는 토르 신 이야기를 전 세계에서 온 학생들에게 들려주었다. 자기가 살아온 진짜 이야기를 해 주는 것도 잊지 않았다.

"어렸을 때 나는 공부를 정말 잘했어. 하도 공부를 잘해 신문에 나온 적도 있었지. 고등학교를 졸업했을 때는 원하는 어떤 대학도 갈 수 있었어. 나는 경제학을 전공할 생각이었어.

그런데 호이스콜레를 다니면서 내가 진짜로 공부하고

싶은 건 철학과 신학이라는 걸 알게 되었어. 여러분도 알듯이 우리는 여기에서 정말 다양한 사람들을 만나잖아. 나 역시 호이스콜레가 아니었으면 평생 만나지 못했을 사람들을 만났어. 함께 살았고, 또 연애도 했지. 그곳에서 나는 처음에는 정말 싫어했던 룸메이트를 포함해서 나와 아주 다른 사람들과 어떻게 함께 살아갈 수 있는지를 배웠어."

그러고는 문득 생각났다는 듯이 말을 이었다.

"있잖아, 다른 사람들에게 사랑받기 위해 더 나은 사람이 되려고 애쓰지 마. 너의 지금 모습 그대로여도 괜찮아. 다만 네 곁의 사람들이 믿고 의지할 만한 사람이 되렴. 우리가 서로의 어깨에 기댈 수 있었으면 좋겠어."

안장이 높은
덴마크 자전거

학교 지하에는 자전거 보관소가 있다. 자전거를 타려면 자전거 열쇠를 관리하는 학생회 임원에게 열쇠를 빌리면 된다. 스물몇 대 중에서도 아시아 학생들에게 특히 인기 있는 자전거 몇 대가 있다. 안장이 낮은 자전거다. 학교 자전거는 안장 높낮이를 조절할 수 있는 최신식이 아니다. 나를 포함한 아시아 학생들은 자전거 안장이 너무 높다고 투덜거리곤

하는데, 유럽 학생들은 너무 낮아서 불편하다고 한다.

높은 자전거 안장에 힘겹게 뛰어 올라타서 페달을 밟으며 나오는 길에 소렌 교장 선생님을 만났다. 힘들다고 투덜거리는 나에게 선생님은 웃으면서 말했다.

"안장이 높아야 다리를 더 많이 움직여 운동에 훨씬 도움이 된단다."

메테 선생님과 함께 떠난 오후의 자전거 여행에서도 중요한 것은 자전거 안장 높이였다. 나는 친구들이 낮은 자전거를 먼저 타도록 했다. 그런데 안전 모자를 쓴 어린 아기 바버라를 자전거에 태운 선생님이 높은 안장의 자전거를 시도해 보라고 권했다. 나는 그냥 학교에 남겠다는데, 선생님은 자기가 잡아 줄 테니까 타 보라고 하는 것이다. 나는 겁이 났지만 어떻게 어떻게 뛰어서 올라탔다. 앞바퀴가 몇번 휘청였지만, 옆에서 "봐, 되잖아. 할 수 있어."라며 도와준 선생님 덕분에 얼마 지나지 않아 중심을 잡고 페달을 저을 수 있었다.

높은 자전거를 처음 타 보니 묘한 긴장감 속에서 살짝 흥분되었다. 상쾌한 공기를 들이마시며 마을을 지나 떡갈나무가 울창한 숲으로 들어갔다. 덴마크의 여느 숲처럼 평평했지만 군데군데 낮은 경사가 있어 높은 자전거로 오르내리기가 약간 힘에 부쳤다. 떡갈나무 숲에 내려앉고 있는 가을은 아름다웠다. 유럽의 가을은 알록달록 다채로운 단풍이 드는 한국보다 밋밋하고 단조롭지만, 올해는 여름이 따뜻했기 때문인지 눈부시게 노란 잎들이 우수수 떨어져 내렸다.

숲을 벗어나서는 철길을 지나 해안 도로를 따라 달렸다. 가을 햇살 아래 한 시간쯤 페달을 열심히 저으며 목적지인 어촌 마을 호른베크 해안가에 도착했을 때는 거센 바람이 그리 차갑게 느껴지지 않았다. 우리는 바버라와 함께 아이스크림을 사 먹고, 길고 가느다란 라임그라스 풀이 듬성듬성 나 있는 모래 언덕에 올라가 사진을 찍었다. 짙은 청록색 바다 위 푸른 하늘에 떠 있는 새털구름은 거센 바람이 휘휘 저어 놓은 듯했다. 집으로 돌아가는 길은 지치고 피곤할 것이지만, 제일 뒤에서 느리게 달리는 나와 함께 가 줄 친구가 있다는 걸 알기에 두렵지 않았다.

큰 화분으로
꽃을 옮겨 심으며

카랑코에 세 포기를 큰 화분으로 옮겼다. 지난 1월 알록달록한 색채가 그리워 동네 수퍼마켓에서 사 온 노랑과 주황, 분홍꽃이 피는 식물이다. 카랑코에는 봄여름을 지나며 종이컵만 한 플라스틱 화분 속에서 쑥쑥 자라났다. 나날이 굵고

튼튼해지는 줄기에서 초록잎이 무성하게 자라나서 작은 화분이 휘청거릴 정도였다. 할 수 없이 잎을 떼어 내고 옆으로 뻗어 나가는 줄기를 잘라 주며 식물을 화분 크기에 맞췄다.

여느 때처럼 커진 잎사귀를 떼어 내며 생각에 잠겼다. 나는 오래도록 이 화분처럼 작은 마음에 갇혀 살았다. 대학을 졸업할 무렵 불안감이 컸다. 나와 어울리는 직업인 것 같은 사회활동가나 예술가로 낮고 불안정한 수입을 받으며 살아갈 자신감이 없었다. 혼자 사는 여자에게 위험하기 그지없는 낡은 월세방이 아니라 안전한 주거공간에서 살 수 있는 방법이 보이지 않았다.

졸업 후 몇 년 방황하다가 결국 남들처럼 공무원 시험 공부를 했다. 안전한 곳에서 안정적으로 살고 싶은 마음이 컸다. 2000년대 초반 합격해 9급 행정직으로 1년간 근무했다. 그런데 아무래도 내 인생이 아닌 것만 같아 그만두었다. 그때 사람들은 어리석다고 꾸짖었다. 나 역시 미치도록 불안했다. 깊은 우울과 칩거의 나날이 계속되었다. 말로 표현할 수 없이 고통스러웠다. 세상으로 나와 다시 일을 시작하고, 하고 싶은 일을 해 보기 시작한 건 서른이 다 되어 갈 때였다. 영어 강사로 밥벌이하며 글을 쓰고 독립영화를 찍기도 했다. 하지만 내세울 만한 결과는 내지 못했다. 그러자 다시 우울이 찾아왔다.

삼십 대 중반을 넘어설 때쯤 주말이면 나는 지리산을 찾고 있었다. 묘하게도 산이 나를 일으켜 주는 느낌을 받았다. 어느 날 지리산 둘레길 근처에 있는 대안학교에서 영어 교사를 구한다는 공고를 보았다. 그렇게 인연이 되어 일하게 된 작은학교는 다른 세상을 보여 주었다. 생태적으로 사는 삶, 공동체로 사는 삶이 어떤 것인지 맛보게 해 주었다. 그리고 지리산은 나를 덴마크로 이끌었다.

좀 더 큰 화분에 카랑코에를 옮겨 심고 보니 어쩐지 마음이 놓였다. 당분간은 잎을 잘라 내지 않아도 괜찮고 화분이 휘청이지도 않을 것이다. 나는 생각했다. 아직 야생에서 자랄 만큼의 힘이 없다면, 나를 큰 화분에 옮겨 심고 싶다고. 작은 화분에 맞추기 위해 내 꿈의 푸른 이파리들을 잘라 내고 싶지 않다고. 나는 이제 곧 마흔이 되겠지만, 좁은 생각과 관습에 갇히고 싶지 않다. 문득 한국에서 시달렸던 결혼과 출산에 대한 고민이 깨끗하게 사라졌음을 깨닫는다. 이곳에 온지 열 달째. 아무도 나에게 더 늦기 전에 결혼해서 애를 낳아 봐야 한다고 말하지 않으니, 나는 결혼과 출산에 관심 없는 사람임을 알게 되었다. 공부를 더 하고 싶다. 가능하다면 유럽에서 더 공부할 수 있는 방법을 찾고 싶다.

적십자
일일 모금원 활동

매너하우스 뒤뜰에 있는 마로니에 나무에서 밤처럼 생긴 고동색 열매가 툭툭 떨어져 내린다. 쌀쌀한 오후에 우리는 덴마크 적십자 모금통을 들고 동네 골목을 누볐다.

메테 선생님이 지역 적십자에서 진행하는 모금 활동에 참여할 학생들을 모집했다. 시리아에 식량과 기초 의약품을 보내기 위한 모금이다. 휴일인데도 열 명이 넘는 학생들이 자원했다. 행복 사회의 비결을 찾아 덴마크로 날아온 한국인으로서는 어떻게든 덴마크 사회를 조금 더 깊이 보고 싶은 열망이 있다. 사실 이는 여전히 나의 덴마크 생활의 많은 부분을 지배하고 있는 정서다. 한국 사회를 구할, 아니 수렁에 빠진 듯한 나의 인생이라도 구할 강력한 한 방을 이곳에서 찾아 돌아가야 한다는 절박함이 있고 다른 한국 친구들도 예외가 아니다.

평범한 덴마크 사람들은 주말 오후 집에 찾아와 벨을 누르는 적십자 모금원들을 어떻게 대할까? 1월부터 함께 지낸 옆방 친구 데이지와 함께 2인 1조로 길을 나섰다. 우리가 방문할 구역은 학교에서 큰 길을 건너면 나오는 주택가 골목길의 30호 정도 가구. 서로 다른 팀이 같은 집을 방문해서 민폐 끼치는 일이 없도록 골목과 번지를 엄격하게 나누었다. 학교를 다 같이 출발해 갈림길에서 흩어져 나와 데이지는 우리에게 배당된 구역 첫 번째 집 문 초인종을 눌렀다. 무척 긴장되고 떨렸다. 집집이 방문해서 모금하는 건 한국에서도 해 본 적이 없다.

처음 도전한 집은 여러 가구가 함께 사는 4층 높이의 연립 주택이었다. 긴장을 풀어 주기 위해서였는지 첫 번째 집에서는 끝내 문이 열리지 않았다. 몇 번의 빈집을 거쳐 마침내 문을 열고 나온 사람은 허리가 구부정한 백발의 할머니였다. 우리는 할머니에게 가슴에 찬 적십자 모금원 이름표를 보이며 근처 IPC에서 왔고, 시리아를 돕기 위한 모금 활동을 하고 있다고 영어로 말했다. 할머니는 덴마크어로 뭐라고 하더니 곧바로 되돌아가 동전을 들고 나왔다. 그리고 붉은색 적십자 로고가 찍혀 있는 하얀 주전자 모양의 플라스틱 모금함에 동전을 하나하나 넣어 주었다. 감격스러운 순간이었다. 열린 문틈으로 얼핏 보이는 할머니의 집은 소박해 보였다. 우리는 할머니와 서로 다른 언어로 다정한 인사를 나누고 돌아섰다. 얼마 지나지 않아 모금함은 동전으로 묵직해졌다. 덴마크 동전은 한화로 몇천 원에 해당하는 것도 있기 때문에 결코 작은 액수가 아니었다.

번지를 잘못 찾아 다른 팀이 다녀간 집의 벨을 눌렀을

학생의 실패가 아니다

때를 빼고는 대부분 친절하게 맞이해 주었다. 어떤 집에서는 서너 살쯤 되어 보이는 어린아이가 나와서 문을 열었다. 우리가 단 모금원 이름표를 보더니 아이는 집안에서 일을 하고 있는 엄마를 향해 적십자라고 외치며 들어갔다. 아이는 곧 손에 동전 몇 개를 들고 나왔다. 키 높이에 맞추어 모금함을 내밀자 아이는 직접 동전을 넣었다. 어릴 때부터 이렇게 가진 것을 나누며 사는 것을 배운 아이는 외국인인 우리가 내민 모금통을 채워 주던 다정한 할머니처럼 나이 들어 가겠지.

행복의 비결에 대해 한 덴마크 친구는 이렇게 이야기했다.

"그건 우리의 정서에 깊이 뿌리내린 거야. 우리는 동정심이 많아. 안데르센 동화에 나오는 성냥팔이 소녀처럼 가난하고 힘없는 사람들을 기억하려 해."

문득 지난여름 헬싱외르 클릭 페스티벌에서 보았던 대만 연출가의 연극이 생각난다. 연극 속에서 대만 남자는 덴마크 남자에게 되풀이해 물었다. 세상에서 가장 행복한 나라에 사는 너도 울어 본 적이 있느냐고, 마지막으로 울어 본 것이 언제냐고, 그리고 안데르센은 어린이들을 위한 동화로 왜 그렇게 슬픈 이야기를 많이 썼느냐고. 나는 이제 그 대만 연출가에게 답을 해 줄 수 있을 것만 같다.

추천서를
받으며

거트루드 선생님과 소렌 교장 선생님에게 다음에 갈 학교에 지원하는 데 필요한 추천서를 부탁했다. 나는 영국 남부 토트너스에 있는 슈마허 칼리지의 생태농업 코스에 지원할 생각이다. 이 학교의 1주일 단기 코스에 다녀왔는데 IPC에서 쉬엄쉬엄 놀며 배운 퍼머컬처를 더 전문적이고 풍부하게 공부할 수 있는 곳이라는 판단이 섰다. 생태농업 코스는 농사일을 직접하면서 배우는 프로그램으로 석사 과정보다 학비가 낮다. 슈마허 칼리지의 영성 가득한 분위기 속에서 살아보고 싶은 열망도 컸다.

수업이 끝난 후 매너하우스에서 거트루드 선생님을 만나 슈마허 칼리지와 내가 지원하는 프로그램에 대해 설명했다. 선생님은 원서의 추천인란에 직접 주소와 전화번호를 써넣으며 "여기에서 잘 배워 와서 나를 가르쳐라."라고 했다. IPC까지 오는 것은 어려운 일이 아니었다. 호이스콜레는 누구에게나 열려 있는 곳이다. 그러나 지금부터 내가 두드릴 곳은 쉽게 문을 열어 주지 않을 수도 있다. 지금 내 경제적 사정으로 감당하기 어려울 가능성이 크다. 그래도 나는 도전하고 싶다. 미국학 선생님이 내게 농담처럼 말한 적

있다.

"혜선, 두 학기만 더 배우면 너는 이제 이 과목을 가르칠 수도 있을 거야."

이제 겨우 무언가가 시작되는 느낌이다. 넓고 새로운 세상을 살짝 열린 문틈으로 엿본 기분이다. 문을 활짝 열고 그 세상으로 나가 두 발을 담그고 뛰어다니고 싶다.

아시아
문화의 밤

봄 학기 한국 학생들이 문화의 밤을 맞아 한글 자모음을 인쇄해 칼로 파고 가위로 오리며 밤새도록 한글체험 세트를 만들었다면, 가을 학기 한국 학생들은 박을 만들고 있다. 운동회의 피날레를 장식하는 바로 그 박이다.

청군과 백군이 콩주머니를 던져서 마침내 박이 터지면 색종이와 사탕이 흩뿌려지며 희망의 문구가 짜잔 하고 내려오는 박. 콩주머니의 대체물로는 학교 식당 뒤 떡갈나무에서 나날이 떨어지고 있는 도토리가 선정되었다. 열 명이나 되는 한국 학생들은 박을 만드는 기술팀, 도토리 몇 개를 신문지로 뭉쳐 테이프로 감싸는 수작업팀, 제기차기와 같은 전통 놀이팀, 부채춤 공연팀과 사물놀이 연주팀으로 나뉘어 분주하게 행사 준비를 한다. 우리는 이렇게 열심히 산다. 이것이 한국인이다.

그러나 이 가을 한국인을 능가하는 팀이 하나 있으니 바로 베트남에서 온 학생들이다. 행사 전날 밤 10시 강의실 문단속을 하러 다니던 중 베트남 친구들이 행사 준비를 하는 강의실에 갔더니 딱 한 시간만 더 달라고 애원한다. 상황을 보니 아무래도 한 시간 안에 준비가 안 끝날 것 같아 일부러 두 시간 후 찾아갔는데, 이 친구들이 한 시간만 더 달라는 것이다. 하도 간곡하게 부탁을 해서 다시 한 시간 뒤에 갔더니 이번에는 강의실에서 자게 해 달라고 한다. 나를 잠 못 들게 하는 그들이 귀여워 애써 웃음을 참았다. 한두 시간 간격으로 교실을 찾아갈 때마다 새로운 구조물이 하나씩 세워지고 있었다. 색지를 이용해 건물 기둥을 세우고 지붕 올리는 작업을 시작한 데다 바나나 나무에 야자수까지 만들고 있었다. 헬싱외르의 호이스콜레 교실에 베트남을 통째로 옮겨 오려는 것 같았다.

문화의 밤 당일. 아시아 각 나라 친구들이 준비한 프로그램이 여러 교실에서 열렸다. 관객으로 참가한 아시아 이외 지역 학생들과 방문자들은 조를 짜서 순서대로 교실을 돌며 아시아 여러 나라의 문화를 경험하게 된다. 베트남 친구들의 교실에서 나는 마치 가난한 백성들을 데리고 무인도에 들어갔던 허생처럼 한 나라를 세운 광경을 보았다. 튼튼한 기둥 위에 주황색과 갈색, 오렌지색이 섞인 기와지붕이 당당하게 올라가 있고, 야자나무와 잘 익은 바나나가 있는 풍경은 베트남 기후처럼 후끈해진 공기를 위로 밀어 올리는 듯하다. 베트남 친구들은 머리에 끈을 질끈 동여매고 이리저리 바삐 움직이며 신나게 게임을 진행하고, 그 한가운데 종이로 만든 커다란 누렁소 한 마리가 평화로이 미소 짓고 있다.

학생의 실패가
아니다

호이스콜레에서 학생들은 주당 최소 28시간의 수업을 들어야 한다. 그것이 덴마크 정부가 재정 3분의 2를 뒷받침하는 호이스콜레 학생의 의무다.

그런데 학생들에게는 수업에 갈 수 없게 되는 사정이 생긴다. 결석을 반복하는 학생은 담당 교사가 집중적으로 만나서 이야기를 나눈다. 그래도 문제가 해결되지 않을 때는 교장 선생님이 합류한다. 그럼에도 변화가 없으면 경고를 받는다. 처음에는 구두로, 다음에는 문서로 경고를 받았는데도 학생이 수업에 나오겠다는 학교와의 약속을 지키지 못한다면 퇴학을 당한다. 이렇게 자유로운 교육을 하는 곳에서 수업에 못 오는 일이 생길까 싶지만, 그런 일은 생긴다. 덴마크 학생인 경우도 있고 외국 학생인 경우도 있다. 모두 자신만의 이야기와 인생의 숙제를 품고 있다. 아침에 일어나지 못하는 학생도 있고, 다 같이 참여하는 행사에 나오지 않는 학생도 있다. 단 한 명의 친구도 만들지 않고 여섯 달을 지내다 가는 학생도 보았다. 그에게는 아마 그런 시간이 필요했을 것이다.

이 모든 교내 행정 절차에서 가장 중요시되는 것은 학생이다. 학생과 대화를 많이 한다. 경우에 따라서는 전교생과 다 함께 대화를 나눌 때도 있다. 그렇지만 학칙에 따라 결정된 사항을 바꾸지는 않는다. 수업에 나오기로 한 약속을 번번이 지키지 못해서 학교를 떠나야 하는 상황이 되면, 그건 그 학생의 실패가 아니라고 이야기한다. 비록 성인이지만 아직 어린 학생 혼자서 퇴학이라는 무거운 짐을 짊어지지 않도록 배려하고자 애쓴다. 너는 학교를 떠나야 하지만, 이것은 IPC라는 학교의 행정 절차에 따른 것일 뿐 결코 네 삶의 실패가 아니라고.

헬싱외르
쓰레기 매립지

메테 선생님의 환경 수업 시간에 헬싱외르 지역 쓰레기 분리수거장과 매립지를 방문했다. 자전거를 타고 갔는데 여전히 나는 맨 뒤에서 달리지만 이제는 높은 안장에 익숙해졌다. 마을을 지나 숲을 통과할 때 호수에 비친 가을 단풍 색이 짙어 가고 있었다.

40분 정도 걸려 도착한 분리수거장은 깔끔하고 넓다. 가구류, 벽돌류, 유리, 플라스틱, 부서진 변기 등을 수거하는 곳, 수명이 다한 온갖 종류의 전자 제품을 모아 둔 곳이 보인다. 오래된 컴퓨터 모니터와 자판 등이 커다란 철제 상자에 들어 있는데, 모두 바다 건너 스웨덴으로 간다고 한다. 스웨덴은 재활용 산업 분야에 대한 정부 차원의 투자가 활발해서 웬만한 것들은 다 재활용할 수 있는 기술을 갖추고 있다. 그에 비하면 덴마크는 한참 뒤처져 있다는 게 덴마크에 온 이후로 계속 들은 말이다.

인상적인 것은 무료 퇴비다. 정원을 사랑하는 나라 사람들답게 분리수거장에는 손질하고 버려진 나뭇가지나 시든 나뭇잎 등을 모아 놓는 넓은 부지가 있다. 자연물은 퇴비가 되어 사람들이 무료로 가져간다. 봄 학기 퍼머컬처 텃밭을 만들 때 학교 퇴비장에서 만든 퇴비로 부족해서 이곳의 퇴비를 운송료만 지불하고 가져다 쓴 적이 있다.

메테 선생님은 우리를 넓은 분리수거장 뒤편으로 안내했다. 멀리 쓰레기가 가득 쌓여 있는 언덕이 보인다. 매립지다. 매립지 너머로는 아무것도 심지 않은 황량한 땅이 있다. 재활용할 수 없는 쓰레기는 모두 이곳으로 와서 묻힌다. 선생님은 땅 아래로 유독 물질이 흘러들지도 몰라 걱정스럽다고 말한다. 땅으로 흘러든 유독 물질은 결국 우리가 먹는 물을 오염시킬 것이다. 매립지를 직접 본 것은 처음이다. 내가 매일 만들어 내는 쓰레기는 결국 이곳으로 와서 땅에 묻히는구나. 매립지에서 돌아오니 더는 쓰레기를 아무렇지도 않은 마음으로 버릴 수가 없다.

코펜하겐
게이 클럽

슈마허 칼리지에 보낼 원서를 쓰는데 두려움이 몰려온다. 떨어지면 어떻게 하지. 붙더라도 장학금을 못 받아 학비를 못 내면 어떡할까. 방에 있으면서 끙끙거리면 더 불안해질 것 같다. 이럴 때 좌절의 늪에 매몰되지 않으려면 몸을 움직여야 한다.

그래서 토요일 밤 10시에 게이 클럽으로 가는 무리들을 따라나섰다. 무진장 뛰어서 아슬아슬하게 코펜하겐으로 가는 기차에 올라탔다. 이미 술에 취한 이들은 열차 안에서부터 신나게 떠들며 논다. 한 덴마크 친구가 말한다.

"오늘 클럽에서 내 속에 숨어 있는 동성을 향한 끌림이 올라오는지 볼 거야. 지금까지 살아 보니까 난 게이가 아닌 것 같지만, 오늘 밤 한 명도 접근해 오지 않는다면 섭섭할 듯해."

자정이 넘은 코펜하겐 대학 뒷골목 거리는 떠들썩한 젊음으로 넘쳐 난다. 덴마크 어디를 가나 볼 수 있는 자전거가 빽빽이 주차된 골목을 지나자 무지개색 간판이 걸려 있는 몇 가게를 낀 아담한 골목이 나온다. 게이 바들이 모여 있는 곳이다. 골목을 걸으며 들어갈 만한 바를 탐색했다. 덴마크 친구는 누군가에게 전화를 걸어 춤추기에 좋은 바가 어디냐고 묻는다. 유리벽 안으로 들여다본 몇몇 바는 발붙일 자리를 찾기 힘들 정도로 손님들이 빼곡히 들어차 있다. 젊은 사람들만이 아니라 중장년도 보인다. 주로 남자들이고 간간이 여자도 있는데, 그토록 시끄러운 곳에서 마주한 사람을 향해 열정적으로 이야기하고 있다.

밤 1시가 넘어 1941년 개업했다는 어느 게이 바로 들어갔다. 음악 소리가 너무 커서 서로의 말소리는 전혀 들리지 않는다. 담배 냄새 자욱한 공간이 피부색 다양한 남녀 무리로 넘쳐 난다. 혼자 막춤 삼매경에 빠진 나이 지긋한 남자도 있다. 나는 생의 강렬한 이글거림을 느낀다. 이 한가운데에 있고 싶다. 코펜하겐이 좋다.

학생의 실패가 아니다

Straf

Hamlet

Cla~~udi~~

Claudius

Konge af Da
sin bror ve~~d~~
~~er og ti~~

6

–

이제는 제자들이
부럽지 않다

rk, Hamlets onkel. Clau
hælde gift i hans øre,
er sig derved magten ove

덴마크의 비결을
알려 주세요

수학여행 기간이 돌아왔다. 이번 학기에는 덴마크 북부와 스웨덴 예테보리로 떠나는 노르딕 여행이 추가되었다. 코펜하겐과 헬싱외르 근교 외에는 북유럽 다른 지역에 가 본 적 없는 나는 주저 없이 1주일짜리 노르딕 여행을 선택했다.

아프리카 가나와 중부 유럽으로 떠나는 2주간의 여행을 선택한 학생들은 목적지를 향해 벌써 출발했다. 학교에 남아 연극이나 미술 프로젝트를 진행하는 학생들도 있다. 노르딕 여행팀은 학교에 머물며 여행 준비를 한다. 여행 준비에는 짐 꾸리기에 더해 북유럽 사회와 문화 전반을 훑어보는 수업도 포함된다. 무상 의료와 무상 교육, 한화로 2만 원이 넘는 최저 임금, 주당 33시간 근무, 평균 55퍼센트에 달하는 높은 세율, 촘촘하게 짜여 있는 사회 안전망에 대한 이야기가 빠질 수 없다. 함께 노르딕 여행을 떠나게 된 두 덴마크인 거트루드 선생님과 소렌 선생님은 각종 복지 제도의 혜택과 그 바탕인 조세 제도에 대해서 덴마크 사람들이 잘 알고 있다고 설명한다. 나라 살림을 운영하는 정부를 신뢰하며 보호받고 있다고 느낀다는 것이다. 노르딕 여행팀에는 일본 학생과 멕시코 등 남미 학생이 적지 않은데 우리는 어느새 한목소리를 내고 있다.

"우리는 정부를 믿기 어려워요. 우리 나라 복지 제도에 대해서도 잘 몰라요."

덴마크 사람들은 무엇이든 겉으로 보이는 모습만으로 판단하지 않는다고 한다. 나의 경험으로도 그렇다. 학교 행사 결과를 평가하는 교사회의 시간에 그들은 얼마나 화려하고 질서 정연한 무대였는가를 판단 기준으로 삼지 않았다. 한국인인 내 눈에 허술하고 엉성해 보였던 어느 문화의 밤 프로그램을 그들은 높이 평가했다. 학생들이 행사를 치른 후에 큰 자신감을 얻었다는 이유였다. 특히 소렌 교장 선생님은 언제나 긍정적인 면을 먼저 본다. 일을 대할 때도 학생을 만날 때도 마찬가지다.

덴마크는 경쟁이 심하지 않은 나라다. 무언가를 잘해야 한다고 생각하지 않으며, 누가 일등을 하는지에 관심이 없다. 보통 정도로만 해내면 만족하는 태도를 자랑으로 삼는다. 대신 누군가가 뒤에서 혼자 힘들어하거나 부당한 취급을 받는 것은 용납하지 않는다. 1학기 베를린 여행 때 자꾸만 뒤처지는 나를 기다려 주던 프레데릭과 자폐 스펙트럼 증상이 있는 일본 친구를 살피던 아스트리드처럼.

한편 최근 덴마크의 변화에 관해 소렌 선생님은 이렇게 말했다.

"요즘 청년들을 보면 경쟁해야 하는 분위기가 있다는 게 느껴져. 특히 젊은 여성들이 받는 압박이 있는 것 같아. 청년들이 세상에 적응하는 데 어려움을 겪는 건 새로운 사회 현상이야."

거트루드 선생님은 북유럽 문화권 전역에 널리 퍼져 있는 얀테의 법칙을 알려 준다. 한 개인의 뛰어난 성취보다 공동체 전체의 성장을 중요시하는 삶의 태도가 담긴 얀테의 법칙 중에는 '네가 다른 사람들보다 더 낫다고 생각하지 말라'는 항목이 있다. 덴마크에서는 남보다 더 잘 사는 게 자랑이 아니다. 집을 화려하게 장식하거나 비싼 옷을 입고 비싼 차를 타며 돈 있는 티를 내는 행동을 하지 않는다. 오히려 그런 걸 창피하게 여긴다. 돈을 많이 버는 사람들은 기꺼이 더 많은 세금을 낸다. 그것이 촘촘하고 탄탄한 복지 시스템을 지키는 근본정신이다.

"부자들도 열심히 노력해서 번 돈인데, 그 돈의 반 이상을 세금으로 낸다는 건 억울하지 않아요? 불공평하지 않나요? 정말로 기꺼이 기쁜 마음으로 그 많은 세금을 내는 건가요?"

거트루드 선생님이 대답한다.

"물론 이 모든 게 하루아침에 이루어진 건 아니야. 수많은 토론과 합의를 거쳐야 하지. 세금을 많이 내는 걸 탐탁지 않게 여기는 사람들도 있어. 하지만 내가 만약 아프거나 사고가 나면 시스템이 모든 걸 돌봐 주는데, 세금을 내지 않을 이유가 어디 있겠니? 그리고 돈을 많이 버는 사람의 경우라면, 나보다 덜 버는 사람을 왜 못 도와주겠어?"

학생들은 다시 질문한다. 덴마크에 온 이후로 끊임없이 따라다닌 질문이다.

"당신들은 어떻게 그렇게 생각할 수 있죠? 그 비결이 도대체 뭔가요?"

"그건 우리의 유전자에 새겨진 것 같아."

우리는 울 것 같은 표정으로 항변한다.

"그 비결을 알려 주세요. 어떻게 이런 나라를 만들 수 있었는지. 우리는 정부를 믿을 수 없고, 복지 제도가 허술한 나라에서 왔어요. 우리가 어디에서 어떻게 시작해야 할지 알려 주세요."

거트루드 선생님이 말했다.

"나에게 며칠 시간을 주렴. 고민을 좀 더 해 볼게."

바이킹 시대의 여성들

"8~11세기 바이킹 시대에 스칸디나비아 여성들은 이혼을
할 수 있었습니다. 당시에 이혼은 그리 어려운 일이 아니었
어요. 여성은 먼저 이혼을 요구할 수 있었고, 이혼할 때는
증인들을 집으로 불러서 이혼한다고 선언하면 됐어요."

로스킬데 바이킹 박물관으로 당일치기 여행을 떠나는
날 메테 선생님이 바이킹의 역사와 북유럽 신화에 대해 들
려주었다. 바이킹들은 외모가 지저분하고 가는 곳마다 약탈
을 일삼았다는데 그게 진짜일까? 실제 역사는 그렇지 않았
다는 이야기다.

춥고 척박한 스칸디나비아 땅에서 태어난 사람들은 모
험가이자 항해자가 되어야 했다. 영국, 아이슬란드, 핀란드
혹은 그보다 훨씬 먼 곳으로 새로운 땅을 찾아 떠날 때는 작
은 배 안에서 2주가 넘는 항해를 견뎌 냈다. 상상만으로도
고달픈 일이다. 그래서 바이킹들은 강해질 수밖에 없었다.
모험을 떠나지 않는 시기에는 농사를 지었다. 남자들이 항
해를 떠나면 여자들이 집안을 책임졌다. 아이들을 키우고,
밭을 일궈 식량을 마련하고, 천을 짜서 옷을 만들었다. 세밀

하고 전문적으로 직조된 천이 발견되는 걸 보면 이 시기의 여성은 사업가로도 활동했던 것으로 추정된다. 비록 공식적으로는 정치권력을 장악하고 있는 남성에 비해 열등한 존재로 간주되어 법정에 나가거나 남성과 동등한 상속권을 가질 수는 없었지만, 동시대 다른 지역 여성들에 비하면 훨씬 자유롭고 독립적인 삶을 누릴 수 있었던 것은 틀림없는 사실이다. 그 당시에 이혼은 손가락질받지 않았고, 배우자와 몇 년 같이 살다가 헤어지는 일이 드물지 않았다.

현대의 덴마크에서 가장 평범한 가정의 모습은 부모가 이혼한 후 두 사람 모두가 새로운 파트너를 만나서 살고 있는 형태다. 아이를 둘 셋 낳고 나서 결혼하는 경우도 흔하다. 이런 삶의 모습이 독립적이고 자유로웠던 1000년 전 이 땅 덴마크인들의 삶과 관계없다고는 말할 수 없지 않을까.

작은 모임을
조직해라

"덴마크에는 작은 모임이 아주 많아. 헬싱외르 같은 작은 도시 하나에도 자발적으로 만들어진 수많은 조직이 있지."

지난 시간에 "어떻게 해서 당신들은 이런 나라를 만들 수 있었나요?"라는 학생들의 눈물 어린 질문을 받고 며칠간 생각할 시간을 달라고 했던 거트루드 선생님이 가져온 대답이다.

선생님은 우리가 여행 중 방문할 지역의 홈페이지를 보여 주었다. 덴마크 자치구 홈페이지에 들어가면 그 지역에서 이루어지는 작은 모임에 대한 안내, 모임에 나온 시민들이 낸 아이디어와 토론을 거쳐 합의한 결정이 기록된 회의록을 볼 수 있다. 덴마크 사람들은 각종 모임에 활발하게 참여하며, 이들의 다양한 의견은 느리지만 투명한 의사 결정 과정을 거쳐서 해당 지역의 정책에 반영된다. 선생님은 거듭해서 이렇게 강조했다.

"함께 살기 위해서 우리는 서로에게 의지해야만 해. 서로를 믿어야만 해."

19세기 중후반 덴마크에서는 시민사회가 태동하면서 협동조합과 노동조합 운동이 함께 발전했다. 호이스콜레를 비롯한 민중교육 운동도 이때의 일이다.

"우리는 싸움꾼이야. 뭔가 불공평한 게 있다면 가만히 있지 않아. 우리는 끊임없이 조직을 만들고 싸웠어. 아주 초기부터 매우 강력한 노조가 있었지. 1891년부터 연금 제도가 있었으니까.

모두가 스스로를 조직한다. 이게 바로 민주주의의 기반이야. 사실 아주 피곤한 일이지. 조직을 만들어 뭔가를 할 때 언제, 어디서, 어떻게, 몇 명이 모여서 뭘 할지 결정하는 건 보통 일이 아니잖아. 모임을 언제 공지할 것인가부터 논의해야 하니 얼마나 지난한 일이겠어. 그 모든 과정을 다 밟아 나가는 게 민주주의야. 그렇게 탄탄한 시민사회가 만들어지는 거지. 아주 작은 마을에서도 사람들이 모여서 이야기를 하고, 그 과정을 기록하고, 결정이 되면 거기에 따르지."

옆에서 듣고 있던 소렌 선생님이 거들었다.

"민주주의와 복지 제도가 그냥 하늘에서 떨어진 게 아니라는 사실을 끊임없이 재교육하는 일이 중요해. 우리가 신경 써서 지키지 않으면 사라지는 것이거든. 요즘 자라나는 덴마크 아이들은 복지 제도를 당연한 것으로 생각하는데, 사실 그렇지 않아. 우리가 스스로를 조직하고 싸워 왔다는 걸 교육해야만 해. 지금도 여전히 싸우고 있지. 그 옛날 농부들이 힘을 얻기 위해 스스로를 조직했다면 그다음에는 노동자들이, 여성들이 나섰고, 지금은 이민자들이 권리를 찾기 위해 싸우고 있어."

선생님들은 말한다. 이 모든 것들은 그냥 이루어지지 않았다. 각자의 나라로 돌아가면 작은 모임이라도 함께할 수 있는 사람들을 찾아 조직하고, 싸워라.

스카겐 가는 길

따뜻한 신발과 모자, 장갑, 의료보험 카드, 여권, 물병 그리고 저녁 시간을 재미나게 보내기 위한 카드게임 한 벌이 여행 준비물 목록에 있다. 이불 커버, 베개 커버, 침대를 덮는 시트도 잊지 않고 챙겨야 한다. 이런 리넨 침구를 챙겨 가지 않으면 숙박비가 훨씬 비싸진다. 다행히도 가벼운 천으로 된 것들이라 접어 놓으니 자리를 많이 차지하지 않는다.

과일과 시리얼로 간단하게 아침을 먹고 주방에서 싸 준 묵직한 점심 저녁 도시락 두 개를 싸 들고서 학교를 나섰다. 루마니아에서 온 오십 대 중반 학생을 포함해 국적과 나이가 다양한 학생 열다섯과 덴마크 북쪽 끝 스카겐까지 우리의 여정을 이끌 거트루드 선생님이 함께 길을 나섰다. 학교 운영회의에 참여하는 소렌 교장 선생님은 며칠 후 합류하기로 했다. 하늘은 맑고 시린 공기는 상쾌하다. 흐린 날이 많은 나라에서 드물게 아름다운 날이다. 열 개 넘는 캐리어가 매너하우스 앞 돌길을 드르르륵 하고 굴러간다. 이곳 IPC에서 얼마나 많이 들었던 소리인가. 지난 95년 동안 수많은 사람들의 집이었으며 아직은 나의 집인 이곳으로 내가 왔을 때, 내가 떠날 때, 그들이 왔을 때, 그들이 떠날 때 눈물 너머로 들려오던 캐리어 바퀴 굴러가는 소리.

이제는 제자들이 부럽지 않다

덴마크에서 스웨덴으로 넘어갈 이번 여행에서 여권은 꼭 필요한 준비물이다. 2015년까지만 해도 두 나라 국경은 신분증 없이 통과할 수 있었는데 2016년 초부터 이민법이 까다로워졌다고 한다. 난민이 늘어나고 테러가 증가하는 가운데 유럽의 우경화 흐름에서 덴마크도 예외가 아니다. 그런데 학교 앞 버스 정류장으로 가는 길에 한 학생이 여권을 두고 왔다는 걸 알게 되었다. 곧 버스가 도착할 시간이라 어쩔 줄 몰라하는 사이에 배웅 나온 소렌 선생님이 말했다.

"내 차로 기차역까지 데려다줄 테니 얼른 가서 여권을 가져오자."

그는 결코 화를 내는 법이 없다. 우리가 기차역에 도착한 바로 그 순간 여권을 챙겨 온 친구가 미안함과 안도감이 섞인 미소를 지으며 소렌 선생님 차에서 내렸다.

코펜하겐 중앙역에 내려서 장거리 시외버스가 대기하고 있는 곳으로 갔다. 나로서는 덴마크에 온 지 열 달 만에 처음으로 코펜하겐이 있는 셸란섬을 벗어난다. 어깨에 커다란 배낭을 멘 거트루드 선생님은 한 손에는 보조 가방을, 다른 손에는 열다섯 명의 버스표를 들고 우리가 탈 버스를 찾고 있다. 선생님은 이 사람 저 사람에게 물어본 끝에 길게 대기한 버스 행렬 중에서 마침내 올보르행 버스를 찾아냈다.

화장실이 있는 2층 버스는 무료 커피도 제공된다. 올보르까지 중간 휴식을 포함해 5시간 30분이 걸린다. 최종 목적지는 유틀란트 반도 끝에 있는 덴마크 최북단 스카겐. 올보르에서 버스를 갈아타고 항구 도시 프레데릭스하운에 내린 다음, 다시 기차를 타고 한 시간쯤 더 가면 도착이다. 버스는 말끔히 정돈된 코펜하겐 시내를 부드럽게 빠져나간다. 도심을 벗어나자 산이라고는 없는 평평한 대지 위 나무들이 노랗게 물든 이파리를 떨구는 풍경이 보인다. 나는 굴곡 없는 대지를 달리는 느긋한 평화를 맛본다. 한 시간쯤 달렸을 때 버스는 셸란섬과 퓐섬 사이에 놓인 긴 다리를 건넜다. 아침 햇살을 받아 반짝이는 연하늘색 바다 위로 풍력 발전기들이 세차게 돌아간다. 안데르센의 고향 오덴세에 잠깐 정차했던 버스는 서북쪽을 향해 곧장 내달린다.

도로가 직선으로 쭉쭉 뻗어 있고 길이 막히지 않으니 평소 멀미가 심한 체질인 나도 멀미를 하지 않는다. 버스 와이파이로 그간 미루던 한국 뉴스들을 몰아 보기 시작했다. 아무래도 한국에 큰일이 난 것만 같다.

사람들이 광화문 광장으로 모여 촛불을 들고 있다. 국정농단 사건의 진실이 밝혀지는 중이었다. 연일 박근혜 대통령과 측근들의 엄청난 비리에 관한 보도가 쏟아져 나오는데, 그 중심 인물로 지목되는 최순실 일가가 독일 또는 덴마크 어딘가에 도피 중이라고 추정되고 있었다. 최씨 모녀가 코펜하겐에 있는 어느 식당에서 김치가 없다고 불평했다는 기사까지 보였다. 덴마크 식당 종업원은 그들이 너무 무례했기 때문에 기억한다고 인터뷰했다. 버스 안에서 두 시간쯤 한국 뉴스를 읽자 사태가 대략 파악되었다. 나는 멍하니 휴대폰에서 고개를 들어 창밖으로 하얀 풍력 발전기들이 힘차게 돌아가는 풍경을 하염없이 바라보았다.

올보르는 고풍스러운 유럽식 건물과 현대적 건물이 조화를 이루고 있는 도시다. 버스 터미널의 규모부터 작지 않았고 행선지도 다양하다. 대합실에 앉아 덴마크 곳곳으로 가는 버스 시간표 전광판을 보니, 북해와 발트해 사이 유틀란트 반도 끝이 고향인 마리가 떠오른다. 마리는 이토록 먼 곳에서 오랜 시간 버스와 기차를 갈아타고 헬싱외르로 왔던 거로구나. 오래전 나도 대학이 있는 도시로 가려고 터미널에 서 있었다. 세상 어디에서든 사람이 살아가는 일은 이토록 애틋하구나.

올보르 터미널에서 버스를 타고 프레데릭스하운에 도착해 최종 목적지인 스카겐행 기차를 탔을 때는 사방에 완전히 어둠이 내린 후였다. 우리는 기차 안에서 저녁 도시락 샌드위치를 우적우적 먹었다. 이번 여행의 유일한 한국 사람인 나는 맞은편 좌석에 앉은 거트루드 선생님에게 한국에서 일어난 일들을 침통하게 설명했다.

"국정농단의 주범이 지금 덴마크 어딘가에 도피해 있을지도 몰라요. 어쩌면 좋죠? 외국에서 이런 소식을 들으니 너무나 창피해요."

하루 종일 학생들을 인솔하느라 피곤했을 선생님은 내 이야기를 귀 기울여 듣고는 이렇게 말했다.

"한편으로는 잘된 일이다. 지금 이렇게 밝혀지고 있으니 말이야. 숨겨진 일들이 드러나는 게 시작이야. 앞으로 나아질 수 있을 거야. 그렇게 하나하나 바뀌는 거지."

올보르에서 은신하던 최순실은 올보르 공항을 통해 런던으로 나가 한국행 비행기를 탔으리라 추정된다. 내가 올보르를 지나 스카겐을 향해 가며 거트루드 선생님과 국정농단 사건에 대해 이야기 나누고 있을 때 나와 그의 거리는 얼마만큼이었을까.

움직이는 모래 언덕

호스텔에서 아침을 먹고 점심 도시락으로 샌드위치를 쌌다. 여행 내내 도시락을 싸서 다니고 저녁도 해 먹는다. 식당에서 외식을 할 계획은 한 번도 없다. 비싼 북유럽의 물가를 감안해 여행 비용을 최소화하기 위한 것이다.

따뜻한 장갑과 목도리로 무장을 하고서 자전거를 빌리러 스카겐 시내로 나갔다. 자전거를 타고 모래에 묻힌 교회와 움직이는 모래 언덕을 보러 가는 것이 오늘의 일정이다. 기차역 가까이에 있는 호스텔에서 시내까지는 걸어서 20분 정도 걸린다. 일본, 멕시코, 독일, 폴란드, 루마니아, 아르헨티나, 칠레, 미국, 한국에서 온 학생들이 거트루드 선생님과 함께 주황색 기와지붕 건물이 늘어선 거리를 걸어간다.

자전거 대여점 주인은 아시아 학생들을 위해 고맙게도 자전거 안장을 낮춰 준다. 우리는 목도리와 털모자로 귀를 덮은 후 안전모를 눌러썼다. 하늘은 잔뜩 흐리고 비가 살짝 흩날렸지만 시내를 벗어나 집이 드문드문 보이는 유틀란트 반도 끝의 시골길을 달리는 기분이 상쾌하다. 모래에 묻힌 교회는 30분도 지나지 않아 나타났다. IPC 야외 활동 시간에 두 시간 길의 자전거 여행을 다녀온 학생들은 이렇게 쉽고 빨리 목적지에 도달할지 몰랐다고 한다. 짙은 회색 하늘이 무겁게 짓누르는 가운데 황량하고 야트막한 언덕으로 들어선 순간부터 하얀 교회탑이 점점 가까이 다가왔다. 교회 건물은 대부분 묻혀 버렸고, 교회탑만이 오래된 비밀처럼 남아 잿빛 침묵을 지킨다.

스카겐 지방에 사람이 정착해 살기 시작한 것은 13세기부터다. 원래 이름이 성 로렌스 교회인 이곳에 관한 가장 오래된 기록은 14세기 말까지 거슬러 올라간다. 지금은 잔디와 라임그라스, 키 작은 관목이 땅을 고정하고 있는 지대에 300여 년 전부터 모래가 밀려오기 시작했다. 교회로 밀려 들어오는 모래를 막아 내지 못하고 문을 닫게 된 것은 1795년인데, 그전까지는 신도들이 일요일이면 모래를 퍼내면서 예배를 보았다고 한다. 교회가 폐쇄되면서 지역 주민들이 이주했고 일대는 불모지가 되었다.

당시 유틀란트 북쪽에 생겨난 모래 언덕들은 바람을 따라 북동쪽으로 움직이면서 사람들의 삶에 직접적인 타격을 주었다. 모래 언덕이 생겨난 원인은 벌목이었다. 연료라고는 나무밖에 없던 시대였다. 바다로 둘러싸인 땅에 살아가던 바이킹의 후예들이 생계형 항해를 하는 데 등대가 필요했다. 덴마크는 오후 4시만 되어도 컴컴해지는 긴 겨울의 나라이니 전국에 있는 그 많은 등대를 밝히는 땔감으로 목재가 끝없이 들어갔다. 그렇게 나무가 사라진 숲은 모래 언덕이 되어 갔다. 그 뒤 식목 사업으로 대부분의 모래 언덕이 사라졌지만, 아직도 남아 있는 곳이 움직이는 모래 언덕이다. 1700년대에 형성된 이 모래 언덕은 해마다 약 18미터씩 북동쪽으로 움직이고 있다. 이 속도를 유지한다면 2200년쯤에 반대쪽 해안으로 빠져나갈 것이다.

움직이는 모래 언덕으로 가는 길은 쉽지 않았다. 표지

판은 자세하지 않았고, 우리는 지나가는 차들에 길을 물으며 몇 번이나 왔던 곳을 되돌아 나와야 했다. 학생들은 조금씩 지쳐 가고 불평이 나오기도 했다. 하지만 모두가 어쩔 수 없는 상황임을 알고 있었다. 거트루드 선생님은 지도상으로 멀지 않은 목적지가 쉽사리 나타나지 않아 당황한 듯했지만 지치지 않았다. 한적한 숲길에 자전거를 세우고 간식을 먹을 때 선생님이 말했다.

"얘들아, 끄떡없이 자전거를 타고 있는 이 나이 많은 여자가 올해 몇 살인 줄 아니? 58살이란다. 우리 덴마크 사람들은 평생 동안 자전거를 타서 두세 시간 정도는 그냥 타."

마침내 도착한 움직이는 모래 언덕은 장관이었다. 고생 끝에 도착한 관광 명소의 화장실 문이 잠겨 있어서 좌절했지만, 곧 난생처음 보는 사막을 향해 탄성을 지르며 달렸다. 모래 위에 새겨진 긴 발자국을 보는 것은 덤이다. 우리는 서로 어깨를 걸고 기념사진을 많이 찍었다. 모래 언덕 가장 높은 곳까지 엉금엉금 기어 올라가니, 멀리 황야 같은 초원 너머 바다가 보인다. 사정없이 돌아가는 하얀 풍력 발전기의 행렬도 눈에 들어온다. 움직이는 모래 언덕이 만들어진 것은 비극에 가까운 일이지만, 자연이 빚어내는 풍광은 아름다움 쪽에 가깝다. 모래 언덕의 존재는 오래전 모래를 피해 삶의 터전을 옮겨야 했던 조상의 후손들에게 살아 있는 공부가 된다. 거트루드 선생님은 모래 언덕 제일 높은 꼭대기에 앉아 먼 풍경을 한동안 바라보았다.

돌아오는 길에 나는 일행보다 뒤처지기 시작했다. 한 일본 친구가 자전거를 세우고 나를 기다려 준다. 친구는 천천히 페달을 저으며, 자신의 아픈 가족사를 들려준다. 그 목소리가 자전거를 타고 가는 평평한 황야처럼 덤덤하다.

북쪽 땅끝 그레넨

바람이 세차게 분다. 유틀란트 반도의 끝이자 덴마크 최북단인 그레넨 해변에 가기에는 더 없이 좋은 날이라고 한다. 어제 흐리던 하늘이 맑게 개어 태양이 모습을 드러낸 것이다.

스카겐은 빛으로 유명한 고장이다. 그 빛의 오묘함에 이끌려 19세기 말 인구 2000명 정도의 작은 도시였던 이곳에 스칸디나비아 지역 화가들이 모여들기 시작했다. 대부분 젊고 미술계의 주류가 아니었던 화가들은 스카겐의 빛과 바다, 바람 그리고 순박한 어부들에게 매료되어 이를 소재로 한 수많은 작품을 남겼다. 덴마크인들은 그 그림을 사랑했고, 그림을 탄생시킨 화가들과 스카겐의 자연을 사랑했다. 그래서 해가 긴 여름이면 관광객이 몰려들어 숙소를 예약하기 어렵다고 한다. 11월에 온 우리는 운 좋게도 구름 한 점

없는 맑은 날에 북해의 지류인 스카게라크와 덴마크와 스웨덴 사이의 바다 카테가트가 만나는 해변을 보게 되었다.

숙소에서 땅끝 그레넨까지는 자전거로 30분도 걸리지 않는다. 바닷가 가는 길 언덕의 검은 나무 등대 옆에 서서 스카겐 시내를 내려다보았다. 황야 같은 언덕 아래로 오렌지색 벽에 주황색 기와지붕을 얹은 비슷비슷한 모양의 집들이 한눈에 들어온다. 여기에서도 씽씽 돌아가는 하얀 풍력 발전기 행렬이 보인다. 거트루드 선생님이 해 준 설명이 떠오른다.

"덴마크가 재생 에너지 강국이 된 건 우리가 착한 사람들이라서가 아니야. 척박한 환경에서 살았던 덴마크인은 에너지 대란을 경험했지. 1970년대에 겪었던 오일 쇼크가 우리 삶을 통째로 바꾸어 놓았어. 늘 타고 다니던 차를 탈 수 없게 된 거야. 눈이 내린 날 사람들은 스키를 타고 출퇴근을 했지. 우리는 외국 자원에 의존하지 않고 스스로 살 수 있는 방법을 찾아야 했어."

주차장에 자전거를 세우고 걸어 들어간 땅끝 해변 그레넨의 초입에는 오래된 벙커가 있다. 2차 세계 대전 때 덴마크를 침공했던 독일군이 지은 벙커라고 하니, 독일에서 온 학생이 "아아, 나 독일 사람이란 말이에요."라고 하며 몸을 비튼다. 선생님도 "아이고, 미안해."라며 웃는다. 침략의 역사를 이야기하는 덴마크인과 독일인에게는 미묘한 감정이 남아 있을지언정 긴장감이 없다. 충분히 말해진 역사 앞에 선 이들의 여유일까.

그레넨 해변은 바람이 세차다. 11월인데도 분홍 해당화 한 송이가 살아 있다. 우리는 바람을 뚫고 모래사장을 밟으며 앞으로 앞으로 나아간다. 어느새 하얀 구름이 바다와 맞닿은 하늘을 이불솜처럼 덮고 있다. 수평선 위로 멀리 배들이 보인다. 정오가 가까운 시각. 동쪽 하늘에 낮게 뜬 태양도 틈틈이 얼굴을 내민다. 오묘하고 환상적인 빛이다. 거트루드 선생님이 말한다.

"오늘 우리는 운이 좋아. 스카겐의 빛을 보았어."

땅끝으로 다가갈수록 바람이 거세어진다. 바닷바람을 따라 밀려오는 모래가 몸에 사정없이 부딪힌다. 마침내 도착한 땅끝에는 동쪽과 서쪽에서 온 바닷물이 한데 겹쳐지는 장관이 펼쳐진다. 북해에서 출발한 서쪽 스카게라크 바닷물에 하얀 파도 거품이 조금 더 많다. 덴마크와 스웨덴 사이의 바다인 카테가트는 고요하다. 인간이 익숙하다는 듯 물개 몇 마리가 바닷물 밖으로 머리를 쏘옥 내밀고 있다. 세찬 바람을 따라 얇은 꽃잎처럼 겹겹이 밀려드는 파도를 보며 지난 봄 학기를 같이 보낸 한국 친구가 쓴 시가 떠올랐다. 나는 낯선 땅의 끝에 서서 "너는 내가 가장 좋아하는 객지"라고 가만히 속삭였다.

너의 말에 충분히 배부르면

동공이 소매에 묻거나
네 지문이 내 눈썹 위를 지나는 순간
나는 바구니 없이 시장에 온 사람,
쥐지도 가지지도 못한 채

뒷머리에 뼈마디가 닿으면
손가락과 손가락 사이를 생각하며

너는 내가 가장 좋아하는 객지
그런 주문으로 버티는 완전한 날의 슬픔

안녕 이제 그만 집에 가 볼게요
그런 최초의 이별

모서리 사이로 빛이 스미면
번져 나가는 것들을 더듬으며

　　　　　　　　　　　　　— 김민선, 「주머니 없는 옷」

스카겐 미술관

나이 많은 학생들이 말을 안 듣는다. 루마니아에서 부동산 일을 하다 온 아저씨와 일본에서 온 변호사 아저씨는 일정을 함께하지 않고 제멋대로 움직이곤 한다. 월요일 아침에 다 같이 자전거를 빌리러 가기로 했는데 전날 저녁에 먼저 빌려 온다든지, 수요일 새벽에 생선 경매를 보러 가기로 했는데 화요일 새벽에 다녀온다든지, 호스텔에서 저녁을 먹기로 했는데 따로 시내에 나가 스테이크를 먹고 오는 식이다.

땅끝에서 돌아온 후 우리는 해변 입구 잔디밭에 모여 아침 샌드위치를 먹고 스카겐 미술관으로 갈 계획인데 또 한 아저씨가 보이지 않는다. 거트루드 선생님은 이 학생이 또 어디로 간 거냐고 난감해했지만 크게 불편한 기색은 아니다. 나는 이 모든 상황이 재미있다. 두 아저씨는 괴짜임이 틀림없다. 교사 출신인 나는 학교 단체 여행에서는 나의 개인적인 관심사보다 함께하는 것이 먼저라고 생각했다. 게다가 학생조교이니 공동체 입장에서 함께 움직일 수밖에 없다. 그런데 갑자기 그들이 부럽다. 지금까지 학교라는 공간에서 학생으로든 교사로든 한 번도 저런 식으로 살아 본 적이 없었던 것이다. 나도 저 괴짜 아저씨들처럼 하고 싶은 대로 해 보고 싶다. 아저씨들을 찾아다녀야 하고, 일정에 약간의 혼란이 초래되지만 그게 뭐 대수란 말인가.

스카겐 미술관에서 소렌 교장 선생님이 합류했다. 소렌과 거트루드 두 덴마크인이 스카겐 미술관을 아주 좋아한다는 게 느껴진다. 두 사람은 그림을 바라보며 감탄하고 덴마크어로 대화를 나눈다.

"이것 봐, 헬가 앙케르의 작품이야. 헬가 앙케르는 아주 재능 있는 화가였는데 상대적으로 너무 유명한 화가 부모님을 둔 덕에 묻히고 말았지."

나는 덴마크어를 하나도 못하지만, 왠지 두 사람이 이렇게 이야기하는 것만 같다. 지난 주 여행을 준비하는 수업 시간에 스카겐 화가들에 대해 배웠기 때문이다. 헬가 앙케르의 어머니인 아나 앙케르는 스칸디나비아 전역에서 스카겐으로 예술가들이 몰려들던 1870년대 사람으로, 스카겐 시내 중심의 브뢴둠 호텔 주인 딸이었다. 화가들은 이 호텔에 머물며 그림을 그리고 파티를 하며 서로 어울렸다. 아나는 몇 화가들에게 그림을 배웠고, 그중 미카엘 앙케르와 사랑에 빠져서 결혼하게 된다. 코펜하겐의 미술학교에서도 공부했던 아나는 나고 자란 스카겐 지방의 여성들과 아이들, 집안 풍경을 즐겨 그렸다. 당시 많은 사람들에게 사랑받았던 아나 앙케르는 남편인 미카엘 앙케르 못지않게 예술가로 성공을 누렸다.

미술관 입장권에 마리 크뢰위에르와 페데르 세베린 크뢰위에르가 서로의 얼굴을 한 캔버스에 그린 이중 초상화가 인쇄되어 있다. 1867년 코펜하겐에서 태어난 마리 트리프케는 스카겐에 와서 아나 앙케르와 친구가 되었고, 이름난 화가였던 페데르 세베린 크뢰위에르와 결혼한다. 두 사람은 딸 하나를 두고 스카겐에 정착했는데 마리는 화가로서 큰 성취를 거두지 못한다. 남편 크뢰위에르는 정신질환을 앓았고, 마리는 스웨덴에서 온 작곡가와 사랑에 빠진다. 마리는 이혼을 원하지만 남편은 거절한다. 마리가 스웨덴 작곡가와의 사이에서 아이를 임신한 것을 알게 되었을 때 마침내 남편은 이혼에 동의한다. 마리는 스웨덴으로 떠나고 딸은 아버지와 함께 스카겐에 남는다. 마리의 두 번째 결혼 생활은 끝까지 지속되지 못했다. 하지만 마리는 스카겐으로 돌아오지 않고 스톡홀름에서 생을 마감했다.

페데르 세베린 크뢰위에르의 1888년 작품 「힙, 힙, 후라!(Hip, Hip, Hurrah!)」에는 미카엘 앙케르와 아나 앙케르 가족의 정원에서 열린 여름날 파티의 한 장면이 담겨 있다. 이번 여행을 준비할 때 소렌, 거트루드 선생님이 제일 처음 보여 준 작품이다. 그림 속에는 어린 헬가 앙케르를 비롯한 앙케르 가족과 크뢰위에르 자신, 크뢰위에르와 로맨틱한 관계였다는 한 여성과 스칸디나비아 각지에서 온 예술가들이 파티를 즐기는 장면이 초록빛 정원을 배경으로 펼쳐져 있다. 남자들은 일어나 술잔을 높이 들고 있고 여자들은 앉아있다. 여자들의 머리 위로, 드레스 위로, 초록빛 나뭇잎 위로 스카겐의 눈부신 여름 햇살이 떨어진다. 선생님들은 그림 속에 보이는 빛과 각각의 인물들에 대해서 열정을 담아 이야기했다. 덴마크 사람들은 이 그림과 그림 속 사람들의 이야기를 좋아한다고. 누군가는 화가로 명성을 누리고, 누군가는 가족과 함께 스카겐에서 소박한 삶을 살고, 누군가는 아프고, 사랑을 잃고, 또 누군가는 떠나 버렸지만 모두가 그림 속에서 영원히 파티 중이다. 스카겐 미술관에는 원본 대신 작은 복제본이 있다. 원본은 스웨덴 예테보리 미술관에 있는데 유명한 그림이라 다른 곳으로 전시를 자주 다닌다고 한다.

거트루드 선생님이 아나 앙케르의 그림을 가리켰다.

"이것 봐. 내가 정말 좋아하는 작품이야. 창문 너머 들어온 햇살이 푸른 벽에 비치는 것을 보렴."

「푸른 방 안의 햇빛(Solskin i den blå stue)」이라는 작품이다. 하늘색 드레스를 입은 어린 헬가 앙케르가 하늘색 방의 창문가에 앉아 자수에 몰두하고 있는 뒷모습을 그렸다. 이 그림의 주인공 역시 빛이어서 햇살이 헬가 앙케르의 등으로 쏟아지고 있다. 헬가 앙케르의 머리는 금빛이고, 열려진 창문 커튼은 오렌지 빛이다.

나는 미술관 벽마다 빽빽하게 걸린 스카겐 화가들의 그림을 보다가 몇 점의 꽃 그림 앞에서 발을 멈추었다. 시선을 끈 그 그림들은 대부분 아나 앙케르의 작품이었다. 그러다 한 손에 노란 꽃 한 아름을 들고 황금빛 들판 사이로 난 길을 걸어오는 실물 크기의 여자 그림을 보았다. 그림 속 인물은 길고 편안한 하얀색 드레스를 입고 머리에는 챙이 넓은 노란색 모자를 쓰고 있는데, 분홍빛 볼에 입술은 꼭 다물었고 시선은 먼 풍경을 여유 있게 응시하는 듯하다. 남편인 미카엘 앙케르가 그린 「들판에서 돌아오는 아나 앙케르」의 배경 왼쪽에는 아주 작게 모래에 묻힌 교회가 그려져 있다. 내가 어제 가 본 흐린 황야 속 풍경과 같은 곳이라고 믿기지 않을 정도로 다른 분위기다. 꽃을 들고 있는 아나 때문인지, 그런 아나를 바라보는 미카엘의 시선 때문인지 그림 속 풍경은 다정하고 풍성하다. 나는 오래도록 그림을 바라보다가 박물관을 나올 때 기념품점에서 아나 앙케르의 그림 엽서 몇 장을 샀다. 돌아오는 길에는 스카겐 브루어리에서 만든 지역 맥주 '아나 앙케르'까지 샀다.

비 내리는
예테보리 항구에서

스카겐을 떠나 프레데릭스하운으로 가는 기차 창밖으로 며칠 전 자전거를 타고 누볐던 황야의 풍경이 다시 한번 펼쳐진다. 나는 자꾸만 멀어지는 그 평평한 땅의 얼굴을 가슴속에 꾹꾹 눌러 담는다.

이름이 하운(havn)으로 끝나는 덴마크의 도시들은 항구를 품고 있다. 덴마크어로 '쾨벤하운'인 코펜하겐 역시 마찬가지다. 프레데릭스하운 기차역에서 스웨덴행 배가 있는 항구까지는 걸어서 20분이 걸리지 않았다. 고풍스럽고 산뜻한 인상을 주는 항구 도시다. 여객 터미널은 꽤 크다.

오늘의 목적지는 스웨덴 예테보리. 배 시간을 알리는 전광판에 찍힌 노르웨이 오슬로라는 글자를 보니 진정 먼 곳으로 왔다는 희열감을 느낀다. 언젠가는 배를 타고 그 옛날 바이킹처럼 더 멀고 낯선 곳으로 가 보고 싶다. 승선 수속을 기다리며 아침에 싸 온 샌드위치를 먹었다. 멀미가 심한 나는 배 안에서는 아무것도 먹지 못하니 미리 점심을 먹어 두어야 한다. 이런 허약한 체질로 먼 바다로 나갈 꿈을 꾸고 있다니 너털웃음이 흘러나온다. 다행히도 예테보리까지는 세 시간이면 충분하다. 커다란 배를 타고 건널 카테가트 바다가 부디 고요하기를!

배 안은 각종 오락 시설과 사람들로 북적댄다. 우리는 배가 예테보리 항구에 도착하면 모일 장소를 정하고 각자 관심사에 따라 흩어졌다. 소렌 선생님은 테이블에 앉아 노트북으로 일을 한다. 바깥 풍경이 잘 보이는 자리에는 이미 일찍 들어온 승객들이 있다.

나는 일본 친구들이 모여 앉아 있는 테이블 의자에 최대한 편안한 자세로 자리 잡고 잠을 청했다. 문득 화장실에 가고 싶어 눈을 뜨니 배의 출렁임이 그다지 크게 느껴지지 않는다. 배 한 귀퉁이에서 창밖을 보니 큰 배가 바다를 가르며 만들어 내는 파도가 빗물처럼 창문에 부딪혀 떨어져 내린다. 하늘을 가린 두꺼운 회색 구름 아래 검푸른 바다가 거대하다. 크지 않은 창문으로도 고요한 바다가 감추고 있는 무섭도록 시린 본성의 한 자락을 엿보기에 충분하다. 그 옛날 나무로 만든 배를 타고 몇 날 며칠 이 바다를 항해했을 바이킹들이 떠오른다. 그들의 표정은 저 바다를 닮지 않았을까. 스칸디나비아의 맨 얼굴을 처음으로 마주한 듯한 전율에 들떴다.

배가 예테보리 항구에 닿았을 때는 사방에 어둠이 까맣게 내린 후였다. 여객 터미널 천장에 닿을 만큼 거대한 크리스마스 트리가 큰 나라에 왔음을 알려 준다.

이제는 제자들이 부럽지 않다

세계 여러 대륙에서 온 학생 열다섯과 헬싱외르에서 나고 자란 덴마크인 둘로 이루어진 우리 팀 앞에 주어진 임무는 숙소인 오크로섬으로 들어가는 버스를 타는 거다. 버스 정류장은 여객 터미널 밖으로 나가면 있다고 했다. 그런데 짐을 이고 지고 빠져나온 터미널 밖은 상상 못한 대도시다. 도로는 여러 겹으로 나 있고 어디가 어디인지 종잡을 수가 없다. 물어물어 버스 정류장처럼 보이는 곳으로 가 보니 우리가 탈 버스는 없다.

다시 우리는 커다란 건물 앞 텅 빈 공터를 걷는다. 사방은 어둡고 비가 부슬부슬 내린다. 벌써 시간이 꽤 흘러 섬으로 들어가는 버스가 있을지도 알 수 없는 노릇이다. 거트루드 선생님은 우리에게 여기에서 잠시 기다리라고 한 후 방향이 맞는지 확인하려는 듯 혼자 정면을 향해서 뛴다. 나는 낯선 도시의 어두운 공터에서 짐을 메고 비를 맞으며 뛰어다니는 58세의 선생님 뒷모습을 바라본다. 순간 버스를 타지 못하면 어쩌나 하는 초조함도, 짐을 끌고 헤매고 있는 피로함도 느껴지지 않는다.

그 섬,
그 사람,
그 개

오크로섬에는 산이 있다. 숙소에서 나가 바위로 이루어진 볼록한 지형을 5분쯤 걸어 올라가자 정상에 이를 수 있었다. 바위산 정상의 시야가 평지보다 훨씬 넓기 때문에 한국에서라면 결코 산이라고 부르지 않을 그 아담한 지형을 산이라 부르고 싶다. 스카겐의 건물들이 주황색 지붕에 오렌지색 벽이라면, 오크로의 집들은 다홍색 지붕에 하얀색 벽이다. 오늘은 이곳 오크로섬 북쪽 로로섬으로 가서 자연보호구역을 탐방하고 6킬로미터 정도를 걷는 일정이다. 로로섬으로 가는 선착장에서 배를 기다리는데, 자그마한 항구 옆에 돌산이 보인다. 돌산 아래 사과나무에서 자그마한 사과를 따서 한입 베어 물어 보니 맛이 시큼하다.

로로섬으로 들어가는 배는 그리 크지 않은 노란색 여객선으로 2층에도 좁은 객실이 있다. 오크로섬과 로로섬을 오가는 배는 운임을 받지 않는다. 이 지역의 대중교통 배들은 석유가 아니라 음식물 쓰레기 등으로 만든 바이오매스 연료를 쓴다는 말을 듣고는 로로섬의 가정집 앞 음식물 쓰레기 분리수거 통을 몰래 열어 보았다. 통 안에는 음식물 쓰레기가 든 하얀 종이봉투 두 개가 놓여 있고, 겉면에 음식물 쓰레기의 종류가 그려져 있다. 남은 음식물을 종량제 비닐 봉투에 담아 버리는 덴마크 IPC와 달랐다. 환경 문제와 에너지 부분에서 스웨덴이 덴마크보다 훨씬 앞서 있다는 말이 체감되었다.

로로섬은 예테보리 서쪽 해안에 위치한 수많은 섬 중 하나다. 주민 수는 200~300명인데 계절에 따라 차이가 있다. 북유럽 사람들은 여름이면 한 달 가까운 긴 휴가를 여름 별장에서 보내곤 하는데, 로로섬에도 여름 별장이 많다. 이곳에서 오크로섬으로 통근하는 사람들도 드물게 있다.

우리를 자연보호구역으로 안내할 가이드가 검정개 한 마리를 데리고 나타났다. 영특해 보이는 검정개는 코와 목, 발끝만 하얘서 탄성을 자아냈다. 검정 작업복 차림에 키가 훌쩍 크고 마른 가이드는 초지에서 양과 말을 기른다고 한다. 그와 검정개가 키 작은 나무와 노랗게 색이 바랜 풀들 사이로 난 길을 성큼성큼 걸으며 우리를 안내할 때 그 둘은 섬의 풍경과 다르지 않다.

자연보호구역 입구에 멈추어 서서 가이드는 섬의 이름을 발음하는 법부터 가르쳐 준다. 천천히 악센트를 넣어 "로오~ 로오~"라고 하고 우리는 웃으며 열심히 따라 하지만, 두 덴마크인을 제외하고는 누구도 비슷하게 발음하는 것이 어렵다. 덴마크인들의 영어보다 훨씬 부드럽고 자연스럽게 들리는 억양으로 섬의 역사를 설명하던 그는 덴마크인들 앞에서 이런 이야기를 해도 괜찮은지 모르겠다고 서두를 떼더니, 언젠가 덴마크에서 이곳을 침략한 적이 있다고 이야기한다. 소렌과 거트루드 두 중년의 덴마크인은 서로 마주 보며 킥킥 웃고, 스웨덴인 가이드의 표정에도 미소가 번진다. 과거의 침략을 이야기하는 스칸디나비아인들의 태도는 며칠 전 비슷한 이야기를 하던 독일인과 덴마크인보다 한층 여유롭다.

우리는 가이드와 검정개를 따라 비슷비슷한 풍경 속을 걷고 또 걷는다. 꽃잎이 반쯤 말랐지만 아직 분홍빛을 잃지 않은 해당화와 조그맣고 검은 동글동글한 열매를 단 작은 나무들이 있다. 드문드문 습지도 나타난다. 얼마나 걸었을까. 납작하게 엎드린 자세로 땅 위에 붙어 살고 있는 침엽수들이 보인다. 이 섬은 평소에 바람이 센 곳이 틀림없다. 나는 잠깐 걸음을 멈추고 누워서 자라는 나무를 바라보았다. 그 모습은 육지에서 하늘을 향해 팔을 벌린 여느 나무와 다르지만, 자기만의 내력을 가진 분명한 한 그루의 나무다. 내가 덴마크에서 태어났다면, 또는 스웨덴에서 태어났다면, 한국에서 태어나서 자란 지금의 모습과는 다를 것이다. 하지만 바람이 많이 부는 섬에서 태어나 자기만의 모습으로 자라난 이 나무들이 눈부시게 아름다운 것처럼, 내 삶 역시 초라하다고는 할 수 없는 게 아닐까. 로로섬의 나무들은 부러지지 않고 생명을 이어 가기 위해 대지에 바짝 엎드려야 한다. 이 나무들이 IPC 매너하우스 옆에 웅장한 수형을 자랑하며 서 있는 마로니에보다 아름답지 못할 이유가 없다.

섬과 한 풍경을 이루었던 가이드와 개는 양떼를 몰아올 시간이 되자 인사를 하고 성큼성큼 풍경 속으로 사라진다. 우리는 계속 걷는다. 바다가 보이고, 지난여름 캠핑을 하던 누군가가 나뭇가지를 주워 만들어 놓은 놀이터가 보이고, 바닷가 바위틈에 바짝 붙어 자라는 하얀 무늬 식물이 보인다.

어두워진 하늘에서 한두 송이씩 눈이 떨어져 내리는 것만 같아 몇 번이나 친구들에게 이야기했는데 아무도 동의하지 않는다. 내가 눈을 바라는 마음이 큰가 보다 했다. 그런데 갑자기 눈발이 흩날리기 시작한다. 순식간에 굵어진 눈송이를 맞으며 우리는 바위 사이를 껑충껑충 뛰어다닌다. 올겨울 첫눈을 로로섬의 대지에 누워 팔 벌린 나무들과 함께 맞이하게 된 것이다.

이제 더 이상
제자들이 부럽지 않다

지난 봄 학기를 마칠 무렵 학교 활동을 평가하는 자리에서 나는 수학여행에 좀 더 생태 교육적인 요소가 들어갔으면 좋겠다고 발언했다. 한국의 대안학교에서 중고등학생들을 데리고 생태 공동체 탐방, 밀양 송전탑 투쟁 현장 방문, 지리산 둘레길 도보 완주 등을 했던 터라 IPC의 여행은 가벼운 관광처럼 여겨졌다.

오늘 하루는 배를 타고 가까운 바다로 나가 낚시 체험을 하는데, 내가 만약 봄 학기만 다녔다면 역시 IPC는 가볍다고 생각했을지도 모른다. 그러나 가벼우면 어떤가. 가벼우면 안 되나?

오크로 해안에서는 바닷가재도 잡힌다는데 이번 체험에서는 잡은 생선을 가져올 수는 없다. 배 주인은 배를 운행해 주고 낚시법을 알려 주며 운임을 받는다. 그런데 배가 크지 않아 열일곱 명이 모두 탈 수는 없다. 마침 비까지 부슬부슬 내려서 파도의 출렁임이 좀 있을지도 모르니, 멀미가 심한 사람은 숙소에 남아서 자유로운 시간을 보내도 되었다. 대부분의 학생들은 낚시 체험을 꼭 하고 싶어 했고 남기로 한 사람은 나와 독일에서 온 클라라, 거트루드 선생님이다.

남은 세 사람은 숙소에서 여유롭게 뒹굴거리다가 비옷을 챙겨 입고 동네 산책에 나섰다. 인구 3500명의 오크로섬 중심부는 숙소에서 그리 멀지 않다. 3층 높이의 시청 건물은 물고기가 무려 열 마리나 그려진 오크로 지방 로고를 달고 있어 지역 주요 산업이 어업이라는 것을 알 수 있다.

이렇게 작은 시골인데도 꽤 넓은 복층으로 된 도서관에 들어가니 난민이 주제인 사진전이 열리고 있다. 테이블과 소파, 기타 같은 악기들이 갖추어진 휴식 공간에는 무지개 깃발과 게이 프라이드 거리 축제를 찍은 사진들이 가득 붙어 있다. 거트루드 선생님은 이곳이 지역 청소년들을 위한 공간인 것 같다는데, 국가에서 운영하는 공간의 꾸밈새를 보니 스웨덴이라는 나라가 바라보는 방향을 한눈에 느낄 수 있다. 거트루드 선생님은 요즘 덴마크와 스웨덴에서는 조상들의 뿌리를 탐구하는 일이 인기라며 우리를 지역 향토 자료실로 안내했다. 지역 도서관마다 향토 자료실 코너가 있고, 사람들은 누가 언제 이 지역으로 와서 살기 시작했는지, 서로가 어떻게 연결되어 있는지를 흥미롭게 탐구하고 있다. 거트루드 선생님 부모님도 스웨덴 쪽에 뿌리를 두고 있다.

헴빅스고르라고 불리는 일종의 민속 마을을 들렀다가 교회와 마을 묘지를 지나 숙소에 돌아오자 낚시 체험을 떠났던 학생들 거의가 환자처럼 침대에 누워 있었다. 멀미 때문이다. 멀쩡한 사람은 소렌 선생님이었다. 우리는 숙소 부엌에서 커피를 마시며 소렌 선생님이 들려주는 낚시 체험 이야기를 들었다.

"바람이 셌어. 나랑 학생 한 명만 빼고는 모두 멀미를 심하게 했지. 그래서 예정보다 일찍 돌아왔어. 히로토는 두 번이나 토하면서도 낚시에 아주 열심이었어."

나는 숙소에 남아 있길 잘했다고 깊이 안도했다.

오후 3시쯤 낚시에 가지 않았던 셋은 멀미에서 빨리 회복된 친구와 저녁 장을 봤다. 양손과 가방에 오늘 저녁과 내일 아침에 먹을 열일곱 명분의 식료품을 가득 들고 20분이 넘는 거리를 걸어왔다. 채식과 육식이 섞여 있는 여행 팀의 저녁 메뉴는 채소 구이와 치킨 카레로, 오븐에 구울 감자와 호박 등을 먹기 좋은 크기로 썰어야 한다. 다른 사람들은 모두 숙소 옆에 있는 사우나에 가고 없다. 나는 저 많은 일을 거트루드 선생님 혼자 다 하게 놔둘 수 없어 부엌에 남기로 했다. 그런데 감자 껍질을 벗기던 선생님이 사우나로 가라고 권했다. 이런 경험을 또 언제 해 보겠냐고, 해 지기 전 바다가 보일 때 사우나로 가라는 권유에 조금 망설이다가 선생님 말씀을 듣기로 했다.

나는 반바지와 티셔츠를 입고 벌써 어둠이 내리기 시작한 바깥 사우나를 향해 뛰었다. 좁은 사우나 안은 학생들로 가득하다. 창문 밖으로 검은 바다의 잔물결이 보인다. 사우나 안에 앉아 있다가 숨이 턱턱 막혀 오면 우리는 밖으로 뛰쳐나가서 얼음처럼 차가운 바닷물에 풍덩 뛰어들었다. 어둠 속에서 까르르 웃으며 몇 차례 사우나와 바다를 오가니 온몸의 피로가 다 녹아내리는 기분이다. 사우나를 마치고 먹은 저녁은 꿀맛이었다. 치킨 카레는 소렌 교장 선생님, 채소 오븐 구이는 거트루드 선생님이 요리했다.

나는 문득 한을 풀었다는 생각이 들었다. 나보다 스무 살 많은 선생님이 학생 열다섯을 데리고 나선 노르딕 여행길에, 움직이는 모래 언덕을 찾아 두 시간 넘게 자전거를 타고 길을 헤맬 때, 스웨덴의 작은 섬으로 가는 버스 정류장을 찾으려고 추적추적 내리는 비를 맞으며 큰 배낭을 메고 이리저리 뛰어다닐 때, 딱딱한 북유럽식 크래커와 하얀 크림, 양파, 청어절임을 함께 들며 북유럽 사람들은 평소에 이렇게 먹는다고 설명해 주었을 때 작은학교 시절 학생들을 데리고 이리저리 뛰어다니던 내가 생각났고 이제는 나의 제자들이 부럽지 않았다. 사십을 바라보는 나이에 이 먼 나라에 와서 열여덟 살 친구들 사이에서도 특히 말이 서투른 학생이 되어 보살핌을 받아 보니, 내가 받아 보지도 못했던 것을 제자들에게 주려고 아등바등했던 나 자신이 더는 처량하지 않았다.

나는 무슨 인연인가로 이 바이킹의 후예들의 나라에 와서 순수한 노르만인들을 만났는데, 이들은 사람을 믿을 줄 알고 측은지심이 있다. 나의 노르만인 선생님들은 소박하고 정이 많은 사람들이다. 나는 곧 이들을 떠나야 하고, 더 큰 나라의 유명한 선생들이 있는 학교로 갈 꿈을 꾸고 있지만, 이 소박하고 작은 북유럽의 나라를 집처럼 기억하게 될 것 같다.

7
–
너는 내가 가장
좋아하는 객지

트럼프 대통령 전야

한국 학생들은 학생 부엌에 모여 고추장 불고기 같은 매운 한국 음식을 해 먹곤 한다. 부엌에 들른 외국 친구들이 합류할 때도 있는데, 오늘은 미국 친구 매튜가 신나게 우리 테이블에 와서 앉는다. 거리낌 없이 매운 고추장 불고기를 먹고 있는 그에게 나는 그만 이렇게 말해 버렸다.

"오늘 마음껏 먹고 즐기렴. 내일은 슬퍼질 테니까. 도널드 트럼프가 너희 나라 대통령으로 당선되면 말이야."

순간 매튜의 표정이 얼어붙었다. 나는 아차 하고 그 자리에서 사과를 했다.

"미안해, 매튜. 농담으로 한 말이었는데."

매튜가 대답했다.

"아니야, 그럴 수 있어. 충분히 그런 농담 할 수 있어. 그런데 말이야, 난 정말 트럼프가 미국 대통령이 되는 날은 상상도 못 했어. 그런데 네 말을 듣고 나니 어쩌면 진짜 그런 일이 현실로 닥칠지도 모르겠어."

그는 더 이상 매콤한 한국 음식을 보며 신나하던 표정이 아니었다. 저녁 식사가 끝난 후 커먼룸에는 스크린이 설치되었다. 학생들은 의자를 한쪽으로 밀고 매트리스를 바닥에 가져와 깔았다. 이제 한 손에는 베개를, 다른 손에는 맥주캔을 거머쥐고 밤을 새우며 미국 대선 결과 보도를 볼 것이다. 새벽 5시쯤 되면 정말 매튜에게 슬픈 날이 될지 아닐지 밝혀질 것이다.

라이너 마리아 릴케

어둠이 내린 오후 4시. 촛불을 켠 커먼룸에는 낭독회가 한창이다. 독일 학생 폴리누스의 차례가 되자 그는 둘러앉은 학생들을 바라보며 자랑스럽게 말한다.

"너희들은 아마도 이 시인이 누구인지 알고 있겠지? 라이너 마리아 릴케 말이야."

세상에, 릴케의 시를 읊는 독일인의 목소리를 듣게 될 줄이야. 나는 휴대폰을 꺼내 녹음 버튼을 누른다.

표범

파리의 식물원에서

창살을 넘나들기에 지친 그의 눈길은
이제 아무것도 지니지 아니한다.
그에게는 천 개의 창살이 있고 천 개의 창살
너머에는 어떠한 세계도 없는 것과 같다.

날렵하고 센 걸음걸이의 살풋한 거닒은
움츠러들어 작은 맴을 돌고, 그것은
커다란 의지가 마비되어 멈춘 중심을
두고 회전하는 힘의 춤과 같다.

때로 눈동자의 장막이 소리 없이
열리고— 그럴 때면 영상은 안으로 들어,
사지의 팽팽한 고요 속으로 흘러가다
심장에 이르러 멈추어 스러진다.

폴리누스는 먼저 독일어로 릴케의 「표범」을 읽고 이어
서 영어 번역본을 읽었다. 연극을 공부한다는 그의 독일어
발음은 놀랍도록 정확해서, 머릿속에 차가운 얼음이라도 쏟

은 듯 정신이 번쩍 들었다. 다른 친구들도 자신의 모국어로 시 한 편을 낭송하고, 그 시의 내용을 이야기했다. 나는 김춘수의 시 「꽃」을 읽었다. 낭독회가 끝나고 방에 돌아와서도 폴리누스가 읽어 준 릴케 시의 여운이 가시지 않았다. 또렷하고 힘 있는 그 목소리는 마치 철창에 갇힌 표범의 유전자에 새겨진 생명의 거대한 꿈틀거림인 듯했다.

가을 학기 학생들은 봄 학기 친구들에 비해 차분한 편이다. 봄 학생들이 야생적인 파티를 즐겼다면 가을 친구들은 체스 토너먼트나 낭독회 같은 정적인 활동을 기획한다. 학기마다 개성과 색깔이 있다는데 내게는 가을 학기의 분위기가 훨씬 편안하고 기질에 맞는다. 그렇지만 나는 언제까지나 들끓어 오르는 에너지로 가득 찼던 봄 학기 소속인 것만 같다. 그렇게 적응이 어려웠는데 말이다.

촛불집회를 알리며

나는 클라우스 선생님에게서 교육학과 정치철학, 종교학을 배웠다. 호이스콜레는 전문적 지식을 가르치는 곳이 아니기에 그의 수업이 개론적 차원을 넘어서지는 않는다. 그렇지만 하버마스같이 이름만 들어 본 유명 철학자들의 강의를 직접 들은 사람에게 철학 수업을 받기란 신기했다. 클라우스 선생님은 르네 지라르의 친필 사인이 담긴 책들을 보여주며 자신이 얼마나 이 철학자의 열정적인 팬이었는지 이야기하기도 했다. 학생들에게 노트 필기는 권장하지 않았다. 우리의 몸과 마음에 남아 언제든 꺼낼 수 있는 경험이 아니라면 살아가는 데 별 소용이 없다. 그룬트비의 후예다운 말이었다. 그래도 나는 필기를 했다. 나는 그가 던지는 근본적인 질문들이 좋았다. 예를 들면 이런 식이다.

"이성이란 나의 입장을 넘어서서 볼 수 있는 힘이다. 너는 정말 너 자신의 입장을 넘어서서 세상에 일어나는 일들을 볼 수 있는가?"

클라우스 선생님은 학생들에게 질문을 많이 하지만 자기 혼자 떠들 때도 많다. 그것이 그의 스타일이다. 지성과 감성, 유머가 섞인 언어가 종횡무진 날아다니는 강의실에 앉아 있는 것은 꽤 사치스럽고 즐거운 일이다. 오후 4시 수업 시간에 이미 사방을 깜깜하게 뒤덮는 겨울 덴마크의 무자비한 어둠조차도 이 사치를 빼앗아 갈 수 없다.

서울 광화문 광장에 100만 명이 모였다고 한다. IPC에 있는 한국 학생들은 전교생이 참여하는 저녁 모임에서 한국의 실시간 상황을 알리는 작은 공연을 하게 되었다. 지난 주에는 트럼프 당선과 관련된 이야기를 미국 학생들로부터 들었다. 미국 학생들도 그들 나름대로 준비를 했겠지만, 기본적으로 자기네 나라 말로 편하게 이야기할 수 있다. 게다가 미국의 상황은 전 세계인이 알고 있지만 한국은 아니다. 연일 외신에서 한국의 국정농단 사태에 대한 보도가 나오고 있다고 해도 그 정보량과 배경 지식을 미국과 비교할 수 없다. 세계 30여 개국에서 온 각양각색의 사람들이 모인 학교에서 나도 이해하기 힘든 부끄러운 고국의 상황을 외국어로 전달해야 한다. 이런 걸 발표해 보자고 판을 벌인 사람은 또 나인데, 준비하면서 몇 번이나 '자괴감'이 들었다.

저녁 모임 한 시간 전 우리는 담당 교사인 클라우스 선생님과 리허설을 하게 되었다. 나는 여전히 복잡한 감정에 시달리고 있었지만 공들여 준비한 이야기를 풀어놓았다. 리허설을 집중해서 듣고 있는 선생님의 표정을 조마조마하게 바라보았다. 그가 마침내 입을 연다.

"얘들아, 너희가 얼마나 열심히 준비했는지 알겠다. 그리고 내가 하고 싶은 말이 있는데, 너희 프레젠테이션은 정말 멋지다."

그리고 그는 잠시 생각을 하는 듯했다.

"내가 마이크랑 스피커를 가져올 테니까, 그동안 리허설을 한 번 더 해 보자."

나는 가슴을 쓸어내렸다. 리허설을 또 하고, 강당에 늘어놓은 초에 불을 붙이는 사이에 선생님은 커다란 스피커와 마이크와 음향 장비를 들고 왔다. 보통 저녁 모임에서는 사용하지 않는 장비다. 모임 시간이 되자 반도 채워지지 않은 강당 의자들을 보고는 학생들에게 지금 이 자리에 안 나온 사람들을 가서 데려오자고 말했다. 덕분에 자리는 꽉꽉 채워졌고, 우리는 JTBC 뉴스 보도와 촛불시위 현장을 재현한 소박한 공연을 했다. 나는 앞자리에서 슬라이드를 넘기며 갓 스무 살이 넘은 한국 동생들이 최순실과 박근혜의 비리에 대해서 영어로 설명해야 된다는 것이 서글펐다.

질문을 받는 시간에 릴케의 시를 읽었던 독일 학생 폴리누스가 이렇게 물었다.

"어떻게 재벌들이 정치인과 결탁해 저지른 그 큰 비리를 그동안 몰랐을 수가 있어?"

"이 정도일 줄은 몰랐지만, 어느 정도는 알고 있었어. 그런데 기득권층의 힘이 너무 셌어. 우리 나라는 독재를 오래 겪었어. 최선을 다해 산 것 같은데도, 이것이 현재 모습이야. 나는 좀 더 오래 산 사람으로서 지금 이 상황에 대해 책임감을 느껴.

한국인인 내가 덴마크에 와서 제일 힘든 점이 뭔지 알아? 덴마크는 정말 깨끗한 나라야. 덴마크인들이 정부를 믿는다고 말할 때마다 나는 아득해져. 너희가 보다시피 나는 이토록 부패한 나라에서 왔어. 이제 곧 돌아가면 어떻게 바꿔야 할까? 나는 이곳에서 무엇을 배워 가게 될까?"

나는 주저리주저리 그냥 나오는 대로 대답했다. 이런 질문을 받게 될 줄은 상상하지 못했다. 저녁 모임이 모두 끝나고 정리를 하는 중에도 계속 자괴감에 시달렸다. 발표를 도와준 클라우스 선생님이 다가와 어깨를 토닥여 주었다. 나는 "고마워요, 클라우스."라고 했지만, 그의 눈을 똑바로 쳐다보지는 못했다.

어둠과 초콜릿

오후 4시 수업을 맡은 한 선생님이 이렇게 말했다.

"가을부터는 정말 힘들어. 3시 넘으면 어둑어둑해지는데 어둠 속에서 수업을 해야 된다는 게."

일찍 해가 지는 긴 겨울. 어쩌면 이게 덴마크의 진짜 얼굴일 것이다. 한국보다 기온은 낮지 않지만, 자주 비를 뿌리는 흐린 날씨와 바람이 체감 온도를 낮춘다. 덴마크는 추운 곳이 맞다.

노을이 지고 어둠 속에서 별과 달이 뜨는 오후 4시 국제관계 수업을 하던 앙헬 선생님이 학생들에게 한 가지 제안을 한다.

"어둠 속에 앉아 있는 우울함을 떨쳐 버리기 위해서 우

리 수업 시간마다 돌아가며 초콜릿을 돌리면 어떨까? 원하
는 사람에 한해서 말이야. 나부터 시작할게."

선생님은 슈퍼마켓에서 사 온 초콜릿 상자 몇 개를 교
실에 돌렸다. 스무 명 남짓한 우리들은 작은 초콜릿 하나를
입에 물고 신이 났다.

덴마크 환경 수업

보고 말았다. 내 똥과 오줌이 어디로 흘러들어 가는지.

메테 선생님 환경 수업 시간. 오늘도 우리는 자전거를
타고 해변 도로를 달려 어딘가로 갔다. 하수 처리장이다. 입
구를 지나자 수영장 같은 곳에 회색 거품이 부글부글 끓고
있는 초콜릿색 오수가 담겨 있다. 만면에 여유가 가득한 중
년 직원의 안내에 따라 우리는 커다란 건물로 들어갔다.

헬싱외르의 모든 화장실과 하수구에서 나오는 오수가
이곳으로 와서 세심한 처리 과정을 거친다. 일부는 퇴비로
재활용되고, 깨끗하게 정화된 물은 바다 깊숙한 곳으로 흘
러 나간다. 복잡하고 알록달록한 기계가 들어찬 처리 시설
내에는 조화가 놓여 있었는데, 학생들은 꽃을 발견하고 기
뻐할 틈을 놓치지 않는다.

하수 처리장 직원은 뭐든 서두르지 않았다. 그는 자신

이 세상에 꼭 필요한 일을 하고 있다는 자부심이 있는데, 이런 곳에서 일하고자 하는 젊은이가 많지 않아 인력 수급이 쉽지는 않다고 한다. 견학을 마치고 오후의 짧은 햇살을 맞으며 돌아오는 길에 생각했다. 나는 헬싱외르의 끝까지 다가 보았구나.

메테 선생님의 교실 수업에서는 학생들이 온 나라의 물 사용량, 쓰레기 처리 실태, 탄소 발자국, 기후변화 대응책 등 환경 관련 자료를 조사해서 발표하고 토론을 했다. 외부 강사를 초청하기도 했다. 한번은 유틀란트 북부에 살면서 풍력 발전기를 수리하는 전문가인 메테 선생님 아버지가 강사로 오셨다. 수업 자료 속에서 그는 멈춰진 풍력 발전기 날개 안에 들어가 두 팔을 머리 위로 한껏 올리고 서 있었다. 우리는 선생님의 아버지가 들려주는 덴마크 풍력 발전 이야기에 귀를 기울였다. 발전기 날개가 한 바퀴 돌 때마다 전기 1.5킬로와트가 나오는데, 물을 5분 정도 끓이는 데 쓸 수 있는 에너지다. 라면 하나쯤을 끓일 수 있는 셈이다. 2016년 기준으로 덴마크는 총 전력 중 42퍼센트를 풍력으로 조달한다. 2020년까지 50퍼센트, 2050년까지는 100퍼센트로 풍력 발전 점유율을 높이는 중장기 목표를 추진한 결과다. 덴마크에서 해외로 가장 많이 수출하는 것이 돼지고기고, 두 번째가 풍력 발전기다. 선생님의 아버지는 덴마크가 전국 어디에서나 풍력 발전기를 볼 수 있는 재생 에너지 강국이 된 역사를 들려준다.

"1973년 이스라엘과 이집트-시리아 간에 욤키푸르 전쟁이 일어났습니다. 그전까지 덴마크는 석유에 100퍼센트 의존했어요. 그런데 전쟁에서 덴마크 정부가 이스라엘 편을 들자 OPEC 국가들이 덴마크에 대한 석유 공급을 확 줄여 버렸죠. 그 여파로 차를 매일 운전할 수가 없었어요. 뜨거운 물은 주말에만 나왔죠.

오일 쇼크를 겪으며 외부 자원에 의존하지 않고 살아갈 방법을 모색하다 풍력 발전에 투자를 하게 된 거예요. 알다시피 덴마크는 바람이 많이 부니까요. 그때는 기후변화에 대해서는 잘 알려져 있지 않았어요. 그러니까 우리가 착하고 좋은 사람이라서 재생 에너지 개발에 힘을 쏟았던 게 아니에요."

지난 수학여행 때 거트루드 선생님도 비슷한 이야기를 했다. 외부에서 온 충격을 내면의 힘을 기르는 것으로 극복하기 위한 국가적 차원의 에너지 전환은 자연스레 기후변화 대응으로 연결되었다. 환경 수업 시간에는 전 지구적인 기후위기 앞에서 세계 체제를 변화시키는 일과 더불어 개인이 할 수 있는 실천을 찾아보기도 했다. 온실가스 배출을 줄이기 위해 차 대신 자전거를 탈 수 있는가? 육식을 끊을 수 있는가? 학생들은 다양한 의견을 냈다.

"자전거야 물론 좋지만, 그건 덴마크처럼 땅이 평평하고 자전거 도로가 잘 갖춰진 나라에서나 가능하지 않을까?"

"이제 겨우 가난을 면한 나라 사람들에게 고기를 먹지 말자고 하는 게 과연 타당한 걸까?"

지역 간의 차이를 고려하면서 토론이 심화된다.

"세계 모든 사람들에게 유럽인들과 마찬가지 강도의 탄소 감축을 요구할 수 있을까? 병원, 학교, 도로 등 사회 기반 시설을 제대로 갖추지 못한 나라도 많아. 이런 시설을 지으려면 탄소 배출을 피할 수 없고, 해당 나라들은 역사적으로 배출한 온실가스량도 유럽보다 훨씬 적을 텐데."

"지금 기후변화는 이미 가난한 나라들의 생존을 위협할 정도로 급격하게 진행되고 있잖아."

"그렇다면 관건은 탄소 배출량이 많은 부유한 나라들이 하루빨리 행동에 나설 수 있느냐 아닐까."

덴마크 국내외에서 지속 가능성 프로젝트에 참여한 메테 선생님은 남아시아 지역의 기후변화 실태 조사를 위해 IPC를 휴직하고 가족들과 함께 방글라데시에 다녀오기도 했다. 언젠가 선생님은 헬싱외르 중심가에서 학교로 올라가는 큰길가의 차들을 보고 이야기했다.

"우리 집도 도로변에 있는데 큰 차들이 지나가는 소리

가 들려서 불편해. 이 차들이 내뿜는 온실가스를 생각하면 정말 마음이 좋지 않아."

그때 무언가가 내 마음속으로 들어왔다. 내가 IPC에 도착한 2016년 1월은 기후변화에 관해 가장 중요한 조약으로 불리는 파리 협정이 채택된 지 한 달도 안 된 시점이었다. 봄 학기 초 학교에서는 워크숍과 수업을 통해 파리 협정의 내용을 알리고, 전 환경부 장관을 초청해 특강을 듣기도 했다. 이곳에서 만난 유럽 학생들은 자신들을 기후변화에 대해 제대로 교육받은 첫 번째 세대이자 행동할 수 있는 시간이 있는 마지막 세대로 정의한다. 그렇지만 나는 기후변화를 내 일로 받아들이지 못했다. 봄 학기에 서배스천이 파리 협정을 알리는 단편영화를 만들고, 온난화가 가속화될 경우 세계 여러 도시가 물에 잠기는 모습을 구현한 영상을 보여 주는 발표를 했을 때, 서배스천의 발표를 들은 유럽 학생들이 심각한 얼굴로 이야기를 나눌 때도 남의 일이라고 생각했다. 무상 교육과 무상 의료가 제공되는 나라에서 태어나 입시 경쟁을 겪지 않아도 되는 유럽의 청년들이나 관심을 가지는 일이려니 여겼다. 내게는 당장 눈앞에 닥친 해결해야 할 일들이 많아 기후변화를 걱정하는 목소리가 귀에 들어오지 않았다.

그런데 갓난아기를 둘러업고 방글라데시까지 가서 기

후변화로 인한 피해를 조사하고, 지나가는 차만 보아도 온실가스를 떠올리는 사람이 이곳에서 나의 선생님이다. 우리에게 남은 시간이 얼마 없다고 말하고 있다.

성평등을 향한
세계의 여정

커먼룸을 지나 빅홀을 끼고 있는 복도 앞을 지날 때마다 웃음이 나온다. 성평등 보드가 움직이고 있다.

차 선생님이 준비해 온 '성평등을 향한 여정' 보드에는 1부터 5까지 숫자가 붙은 커다란 화살표가 그려져 있다. 화살표 오른쪽 끝은 성평등 지수 5점으로 평등에 가까운 쪽을 가리키고, 반대편 왼쪽 끝은 1점 즉 불평등에 가까운 곳이다. 학생들은 출신 나라별로 모여서 자기 나라의 성평등 지수를 매기고, 전교생이 보는 앞에서 화살표에 국기를 붙이며 그 자리에 붙인 이유를 설명했다. 한 명의 학생이 온 나라도 있고 열 명 넘는 학생이 온 나라도 있다. 남학생 여학생이 각각 한 명씩인 나라도 있다. 열 명의 한국 학생들이 선택한 한국의 성평등 지수는 5점 만점에 2점이다. 내가 국기를 들고 나가서 보드에 붙이는 역할을 했는데, 국기가 숫자 2에서 살짝 오른쪽으로 붙자, 보고 있던 한국 여학생들이 힘껏 손짓을 했다.

"언니, 아니야. 더 왼쪽으로, 왼쪽으로 붙여요!"

그 장면을 보고 있던 차 선생님과 학생들의 얼굴에 웃음이 번졌다. 사실 토론 중에 한국은 3점 쪽으로 더 가야 하지 않느냐는 남학생들의 의견도 있었는데, 여학생들이 체감하는 한국의 성평등 지수는 왼쪽에 가까웠다. 그래도 우리가 1점이 아닌 2점을 선택한 이유는 한국 여성은 운전도 할 수 있고, 투표도 할 수 있고, 법적으로는 비교적 많은 것들이 보장되기 때문이다. 일본 역시 한국과 비슷한 선택을 했다. 놀랍게도 미국 친구들은 한국보다 훨씬 왼쪽을 선택했다. 트럼프 당선의 영향 때문인지 미국 학생들은 근래 침울해 보일 때가 많다.

한국과 지리적으로 가까운 대만과 필리핀은 무려 4점이 넘었다. 대만에서 온 학생은 대만이 동성결혼 합법화를 위해 힘쓰고 있다는 것을 자랑스러워했다.(2017년 5월 대만 헌법재판소는 이성 간의 결혼만 허용하는 민법상의 혼인 제도가 위헌이라고 판결했다.) 사회주의 국가였던 베트남은 3점을 선택했고, 중부 유럽의 나라들은 대부분 3~4점을 주었다. 북유럽 친구들은 5점에, 남미에서 온 친구들은 1점에 가깝게 선택했다. 요르단에서 온 여학생은 국기를 보드 왼쪽 끝 경계에 붙였다. 동유럽 조지아에서 온 남학생도 비슷한 선택을 했다. 가나에서 온 남학생이 3점 근처에 국기를 붙였을 때 학생들이 약간 술렁거렸다. 가나는 조혼과 여성 성기 훼손이 아직도 행해지는 곳이라고 들어 왔기 때문이다. 그와 토론을 했던 가나 여학생은 아무런 말을 하지 않았다. 남학생은 "우리 나라는 이 정도는 된다."라며 내가 알아듣기 어려운 억양으로 길게 말했고, 차 선생님은 그의 말을 끝까지 경청했다.

워크숍이 끝난 후 국기들은 마법의 손에 의해 조금씩 움직이고 있다. 가장 많이 움직인 것은 가나 국기다. 남학생이 3점에 붙였던 가나 국기는 일주일 후 1점보다 더 왼쪽으로 이동했다.

사랑은
설명할 수 없는 것

니엘슨 씨는 오늘 정시에 퇴근하지 못했다. 호이스콜레 연합회를 찾은 IPC 한국 학생들 때문이다. 기차를 타러 갈 시간에도 그는 우리가 묻는 질문에 모두 성의 있게 대답해 주었다.

호이스콜레에서 오랫동안 교사로 일하고 지금은 덴마크 호이스콜레 연합회에서 일하는 니엘슨 씨는 여유롭고 느굿한 중년이다. 호이스콜레란 무엇인가? 그는 슬라이드 자료를 보여 주며 호이스콜레 전반에 대한 이야기를 풀어 나갔다.

— 호이스콜레는 대중 교육이 무엇인가에 대해 전 세계인에게 가장 독창적인 방식으로 보여 줍니다.
— 그 누구도 절대적인 진리에 대한 특권적 접근을 주장할 수 없습니다. 모든 사람은 각자의 욕구, 흥미, 환경에 따라 교육받을 권리가 있습니다.
— 누군가는 호이스콜레가 사랑과 같다고 합니다. 경험해 보아야만 알 수 있는 것이라구요. 사랑이 그렇듯, 호이스콜레는 말로 설명할 수 없어요.

사랑의 비유에 우리는 무릎을 쳤다. 호이스콜레만이 아니라 교육 자체가 그런 것이 아닐까.

호이스콜레의 교육 목적은 다음 세 가지로 정리된다. 삶에 걸친 계몽, 대중 교육, 민주주의 소양 교육. 덴마크가 19세기에 호이스콜레를 만들고 지금까지 세금을 투입해 학교를 유지하는 이유가 여기에 있다. 자국민이 무지에서 깨어나 적극적으로 행동하는 시민이 되어 민주주의를 실현하도록 하는 것. 민주주의는 서로 다른 생각을 가진 다양한 사람들이 자신의 입장을 넘어서 세상을 볼 수 있는 성숙함을 요구한다. 그래야 우리는 함께 살아갈 수 있다. 끊임없는 재교육만이 민주적 질서로 작동하는 복지 제도를 지킬 수 있다는 게 덴마크 사람들의 생각이다. 이런 호이스콜레 모델을 세계적으로 펼쳐 낸 곳이 내가 다니고 있는 IPC다.

니엘슨 씨는 '호이스콜레에서 무엇을 얻었는가'라는 질문에 대한 학생들의 답을 보여 주었다. 학생들이 첫째 순위로 꼽은 것은 '친구'다. 당연한 것일 텐데도 감동적이었다. 그 밖에 앞으로 어떤 일을 하고 싶고, 무슨 공부를 하고 싶은지 더 명확하게 알게 된 것, 사회적으로 중요한 가치가 무엇인지 알게 된 것, 사회의 구성원이 되었다는 느낌, 삶을 보는 더 넓은 시야를 갖게 된 것 등이 있었다. 호이스콜레와 다른 정규 교육 기관의 차이는 뭘까?

"대학에서는 혼자서 무언가를 해야 할 때가 많아요. 그런데 호이스콜레에서는 혼자 있을 시간이 거의 없어요. 매일 아침 함께 모여 새로운 날을 맞이하죠. 온갖 다양한 활동으로 꽉 찬 하루를요."

"호이스콜레에서는 선생님들이 학생들에게 관심이 있어요. 학생들은 수업을 빼먹고 싶지 않게 돼요. 쉬는 날이 지나면 모두가 학교로 돌아갈 날을 기다려요."

"이론과 실제가 분리되지 않는 곳이에요. 일반적인 학

교에서는 가능하지 않은 일이죠."

니엘슨 씨는 천둥과 농업의 신 토르가 들고 다니는 망치 이야기를 했다. 힘이 세고 우직한 토르는 손잡이가 짧은 묠니르를 들고 다니는데, 묠니르는 던지면 언제나 자신에게로 돌아온다. 그건 마치 우리가 화를 내면 그 화가 고스란히 자신에게 돌아오는 것과 닮았다. 한 시간 정도 이어진 대화가 끝날 때쯤 그는 학생이 있는 한 배운다고 말했다. 그가 일했던 호이스콜레를 거쳐 간 학생들은 몇 년이 지나도 학교가 그리워 찾아오곤 한다. 그건 IPC도 마찬가지다. 아직 학교에 다니고 있는 친구들을 만나러, 때로 수업이 듣고 싶어 교실에 들어오기도 했다. 그는 언젠가 가르쳤던 한 학생의 말을 인용했다.

"호이스콜레에서 뭘 배웠는지 사실 잘 모르겠어요. 그런데 한 가지 확실한 건, 이 경험을 잊지 못하리라는 거예요."

이제 우리는 이 말에 온 마음으로 공감할 수 있다. 니엘슨 씨는 살아 있는 대화를 통한 배움의 이야기를 빠뜨리지 않았다. 진심을 담아 진짜 대화를 할 때 서로에게 깊은 인상을 줄 수 있다. 그런 대화만이 서로를 변화시킬 수 있다. 그렇지만 누구도 변화가 일어나는 시점을 알 수는 없다. 1년 후일지, 10년 후일지 학생 자신도 교사도 모른다.

피터 매니케의
아들

얀 매니케는 테이블 위에 놓여 있던 냅킨 위에다 또박또박 적어 내려갔다. Minsik Rim.

"한국 사람이에요. 1970년대에 IPC에서 교사로 일했었어요. 한 5~6년 정도? 이 사람에 대해서 들은 지 꽤 오래되었는데 아마 헬싱외르에 살고 있을지도 몰라요. 한번 인터넷에 검색을 해 봐요. 내 기억에 그는 마르크스주의자였어요. 당시에는 마르크스주의자 선생들이 학생들에게 인기가 많았어요."

"그래요? IPC에 한국인 선생님이 있었다고요?"

나는 깜짝 놀랐다. 봄 학기 말 인생 이야기 시간에 와인 한잔 걸치고 과감하게 꿔 본 나의 새로운 꿈, 그러니까 IPC '최초의' 한국인 교사 되기는 이루어질 수 없었다. 내가 태어나기도 전에 이곳과 인연을 맺은 한국 사람이 있었다니. 나는 그의 삶이 궁금해졌다.

내가 만난 얀 매니케는 외로워 보이는 노인이었다. 그는 거동이 편안하지는 않았지만 자전거는 매우 잘 탔다. 평생 자전거를 타 온 덴마크인임을 느낄 수 있었다. 그는 자신과의 만남을 청한 젊은 사람들은 정말 오랜만이라며 학교에

대해서 아는 것들을 끝없이 풀어놓았다. 밤 10시가 가까워
졌을 때 말을 끊고 이제 집에 가실 시간이라고 말할 틈을 찾
느라 애를 먹었다.

얀 매니케는 자신의 삶의 많은 부분을 IPC에서 보냈지
만 단 한번도 IPC 학생이었던 적은 없었다. 아버지 피터 매
니케는 매우 매력적이고 열정적인 한편 자유롭고 기이하며
우스꽝스러워서 어렸을 때 그는 아버지가 창피하기도 했다.
초등학생 때 아버지가 학교에 오면 그렇게 부끄러웠다고 한
다. 피터 매니케는 생전에 IPC를 알리기 위해 전 세계 많은
나라를 돌아다녔다. 또 IPC 학생들과 근처의 농촌 마을이
나 다른 학교로 가는 짧은 여행을 자주 기획했다. 늘 정신없
이 바빴던 피터 매니케는 자주 무언가를 깜빡하곤 했다. 일
정이 꼬여서 계획과 다르게 일이 진행되어 여러 사람을 당
황시키기도 했다. 그런데 그에게는 사람을 사로잡는 커다란
매력이 있었다. 엉망이 된 상황에서도 특유의 유머를 발휘
해 즉흥 프로그램을 진행하면 여지없이 사람들의 마음이 풀
어졌다. 여름이면 학생들이 지나치게 늦게까지 파티하며 노
는 것을 감시하려고 텐트를 치고 밖에서 자기도 했다는 익
살스러운 교장 선생님의 이야기는 전설처럼 들렸다.

기억 이편저편을 오가며 세 시간 가까이 한시도 쉬지
않고 말하는 덴마크 노인에게서 나는 피터 매니케의 흔적을

볼 수 있었다. 커먼룸의 오렌지빛 조명 아래 마치 렘브란트의 그림 속 인물처럼 보이는 얀 매니케의 얼굴은 동그란 눈과 오똑한 코에 기이하면서도 열정적인 온기가 있었다.

IPC 교사들의 고민

교사회의는 전교생이 기숙사에서 함께 생활하면서 일어나는 여러 문제를 풀어 가는 장이다. 선생님들은 학생들과의 고민을 나누며 지혜를 구한다. 언젠가 한 선생님은 이런 의견을 냈다.

"동성애자인 친구가 방을 함께 쓰는 룸메이트의 눈치를 보며 위축되어 있는 것 같아. 룸메이트는 성소수자 인권에 열려 있는 사람이 아니고, 그도 자기 주장을 강하게 내는 성격이 아니라서 움츠러들어 있어. 나는 우리 학교에서 학생이 자신의 성적 지향 때문에 떳떳하지 못한 것은 용납이 안 돼. 이 문제를 어떻게 풀어 가면 좋을까?"

그러자 다른 선생님이 말했다.

"그 학생이 성적 지향 때문에 위축되어 있다고 어떻게 단정할 수 있어? 단지 느낌만을 가지고 무언가를 한다는 건 섣부르지 않을까?"

처음 문제를 제기한 선생님이 말한다.

"음, 그럴 수도 있겠다. 그렇다면 전교생을 대상으로 성소수자 인권 교육을 다시 하는 건 어떨까? 내가 맡아서 진행해 보고 싶어."

또 다른 선생님은 담임 학생 하나가 아침에 늦잠을 자서 청소 시간에 못 나오는 것이 고민이었다. 한 학생이 불참하는 일은 콘택트 그룹원 전부에게 영향을 미친다. 내가 경험한 바로는 유럽 학생들은 누군가 청소 시간에 나오지 않더라도 크게 마음 쓰지 않고 자기가 맡은 일을 했고, 한국과 일본 학생들은 자신의 의무를 지키지 않는 그룹원을 바라보는 것 자체를 힘들어하는 경향이 있다. IPC 생활이 1년쯤 되니 문화권에 따라 다른 반응을 지켜보는 것도 흥미롭다. 늦잠 자는 학생에 대한 고민에 한 선생님이 자신의 경험을 들려준다. 작년까지는 학생 방으로 직접 찾아가서 깨웠는데, 그 방법이 영 신통치가 않아서 올해부터는 늦잠 자는 학생과 친한 친구를 방으로 보낸다. 때로는 학생에게 이렇게 물어보는 것도 도움이 된다는 것이다.

"누가 너를 도와주었으면 좋겠니? 네가 청소 시간에 나오도록 도와주기에 적합한 친구는 누굴까?"

어떨 때는 학교가 학생에게 해줄 수 있는 게 없다고 느껴지기도 한다. 어떤 일은 교사라는 사람의 한계를 훌쩍 넘는 것처럼 보인다. 나는 덴마크 교사들이 이렇게 말하는 것을 보았다.

"우리가 줄 수 있는 도움이 별로 없는 것 같다. 우리가 어떻게 그의 큰 고통을 치유할 수 있을까."

그들도 그런 날들을 묵묵히 살아 내고 있었다.

코펜하겐
레즈비언 클럽

저녁에 코펜하겐에서 덴마크 교민 시국선언이 있었다. 베를린 같은 큰 도시에서는 주말이면 교민들이 모여 집회를 하고 있다. 코펜하겐처럼 작은 도시의 한인회에서까지 시국선언이 있는 걸 보면 한국에서 보통 큰일이 난 게 아니다. IPC에서도 한국 학생 몇몇이 시국선언에 참여하려고 일찌감치 코펜하겐행 기차를 탔다. 늦게 출발한 나는 시국선언이 끝날 때쯤에야 도착했다. 시국선언도 시국선언이지만 나는 놀고 싶었다. 비자 만료 기한이 한 달도 채 남지 않았다. 친구 몇과 못다 한 코펜하겐 밤 투어를 감행했다.

"너 여기가 어디인지 알고 왔니?"

뻘쭘하게 둘러앉아 병맥주를 마시고 있는 우리 일행에게 키 큰 백인 여자가 다가와 앉더니 묻는다. 맥주 냄새가 폴폴 났다. 내가 안다고 대답하자 그는 재차 확인을 했다.

"여기는 레즈비언 바야. 알고 왔다고?"

"응, 검색해 봤는데 여기밖에 못 찾았어."

"그래. 이 조그만 곳이 우리의 세계지. 게이들이 가는 바는 정말로 많은데 말이야. 코펜하겐 대학 뒤쪽에 있는 게이바 골목은 가 봤지?"

"지난 토요일에 갔는데 정말 사람이 많더라. 그런데 온통 남자들밖에 없었어."

"그래. 여기는 목, 금, 토요일만 열어. 드나드는 사람들은 서로가 서로를 다 알지. 좁은 세상이야. 그런데 여긴 왜 왔어?"

나는 코펜하겐을 떠나기 전에 더 많은 곳을 보고 싶다고 했다. 이제 한국으로 돌아가면 다시 좁은 세상에 갇히게 될 텐데, 틀 지어진 삶으로 돌아가기가 두렵다고. 이토록 낯선 장소와 낯선 사람 앞에서 대화를 시작한 지 몇 분도 안 되어 내가 요즘 느끼는 핵심적인 감정을 이야기할 수 있는 게 신기했다. 젊은 백인 여자는 "섹슈얼리티는 흐르는 것"이라고 하며 자기가 살아온 이야기를 풀어놓았다. 맥주 냄새가 나긴 했지만 전혀 취한 것 같지 않았다. 그는 영국과 아이슬란드 사이에 있는 덴마크령 페로 제도에서 태어나 스무 살 무렵 코펜하겐으로 왔다. 곧 크리스마스에 부모님 집으로 가는데, 페로 제도는 너무나 좁아서 서로 모르는 사람이 없을 정도라고 한다.

"코펜하겐에 처음 와서는 친척 집에서 아이를 봐 주면서 지냈어. 그러다 거기서 나왔지. 어쩌다 보니 노숙 생활을 하고 있더라고. 여기저기 거리를 전전하며 1년 가까이 지냈어. 어떻게 새파랗게 젊고 사지 멀쩡한 사람이 노숙자가 될 수 있느냐고들 할지 모르지만. 뭐, 그런 일이 일어나는 게 인생이잖아."

공감이 갔다. 나 역시 새파랗게 젊은 시절을 방황만 하다가 은둔하며 보냈다. 그는 이야기를 계속했다.

"노숙 생활을 하면서 예술적인 사람들을 많이 만났어. 음악 하는 사람도, 그림 그리는 사람도 있었지. 나는 랩 하는 친구들과 친해져서 함께 가사를 쓰고 노래를 만들었어. 어쩌다 보니 다시 공부를 할 수 있는 기회가 주어졌고 지금은 게임 회사에 다녀."

말을 멈추고 그는 문득 맞은편 테이블에서 이야기하는 백인 여자들을 바라보았다.

"있잖아, 저 건너편 테이블에 앉아 있는 내 애인이 다른 여자애랑 정말 오래 이야기하고 있는데. 이거 어떻게 봐야 좋을까?"

그때야 나는 상황이 파악되었다. 그는 일행이 있는 자리에서 소외감을 느끼고는 우리에게 말을 건 것이었다. 순

간 나는 좀처럼 드러나지 않는 무표정한 코펜하겐의 속살을
본 느낌이었다.

지금은 아주
매력적인 시대야

"국제 관계 일을 하다 보면 파티장에서 수많은 사람들을 만
나는데, 권해 오는 술을 거절하기 쉽지 않은 경우가 많아.
그럴 때는 요령 있게 술을 뒤로 살짝살짝 버려야 해. 잔을
물로 채우기도 하고 말이야."

    국제 관계와 조직 마지막 수업은 파티처럼 진행되었다.
강의실 뒤쪽 붙박이 난로 앞에 테이블을 옮겨다가 와인과
음료수, 과자를 차렸다. 우리들은 마치 중요한 국제회의를
끝내고 파티에 참석한 사람들처럼 테이블 주위에 둘러서서
잔을 기울이며 대화를 나눴다. 나는 요령 있게 술을 뒤로 살
짝살짝 버리지 않았고 곧 몽롱해졌다. 영국이 유럽연합에서
탈퇴하기로 결정하고, 트럼프가 미국 대통령으로 당선된 해
의 마지막 수업이었다. 앙헬 선생님이 젊은 학생들과 대화
를 나눈다.

    "두려워하지 마. 어떻게 보면 아주 매력적인 시대야."
    앙헬 선생님다운 말이다. 나는 막 출발하려는 열차에

뛰어오르듯 새로운 삶의 기회를 마다하지 않았다는 선생님의 역사가 생각났다. 그는 젊은 학생들에게 정치에 도전해 보길 권했다.

"기억해야 해. 네가 정치를 선택하지 않더라도, 정치는 언제나 너를 선택한단다."

파티장이 된 강의실은 서로에게 감사를 표시하고 기념사진을 찍는 사람들의 목소리로 왁자지껄해서 완전히 연말 분위기가 났다. 유럽에서 공부를 더 하고 싶다는 내게 선생님은 이렇게 말했다.

"공부를 더 하는 것도 좋겠지만 말이야, 돌아가서 다시 학생들을 만나도록 해. 너는 차분한 사람이다. 그런 너의 장점을 펼쳐 내지 못하는 건 아까운 거야."

피터 매니케와
함께하는 밤

가을 학기에 내가 집중했던 것은 슈마허 칼리지 입시와 나무 그림이다. 나의 나무 그림 몇 장은 미술 수업 수강생들의 다른 작품들과 함께 학예 발표회 기간에 전시되었다. 그림마다 제목을 붙였고, 그림을 그릴 때의 느낌을 엽서 뒷면에 써서 함께 걸었다. 학기가 완전히 끝나기 전에는 가을 학기 친구들 모두에게 몇 줄이라도 이별의 편지를 쓰고자 했다. 그런저런 일들로 몸과 마음이 바쁜 와중에, 또 일을 벌이자고 제안한 건 아유미였다.

사람을 알아보는 순간이 있다. 아유미가 처음 발표를 하던 날이 그랬다. 두 달 전 아유미는 전교생 앞에서 필리핀에 다녀온 이야기를 들려주었다. 빈곤 지역 아이들을 돕는 자원봉사 프로그램에 참여해 거리에서 구걸하는 필리핀 아이들을 보며 아유미는 생각했다. '나는 이제 세상에서 가장 부유한 나라 중의 하나로 돌아가야 하는데, 내가 이곳에서 잠시 머무른 게 저 아이들에게 무슨 의미가 있지?' 아유미의 목소리가 떨렸다. 그 떨리는 목소리를 들은 순간 나는 아유미가 마음으로 이야기하고 있다는 것을 알았다.

빈곤을 주제로 워크숍을 기획하고 발표자와 토론자를 섭외한 사람은 역시 차 선생님이다. 차 선생님에게는 학생의 빛나는 면을 발굴하는 보석 같은 능력이 있다. 얼마 전 아유미는 전체 모임에서 고향 후쿠시마 이야기도 했다. 2011년 3월 후쿠시마에서 일어난 원전 사고가 고등학생이었던 자신과 가족의 삶을 어떻게 뒤흔들어 놓았는지를 말했다. 몇 년이 흐른 지금 일본에서는 후쿠시마에서 생산한 농산물을 판매하는 코너까지 만들어서 진상을 덮으려 하고 있다는 대목에서, 내가 일했던 한국 학교에서는 후쿠시마 사고 이후 세슘 검출량이 높은 표고버섯이나 등 푸른 생선을 급식에서 제외하고 있다는 말은 차마 꺼낼 수가 없었다.

대부분의 아시아 학생들처럼 아유미도 차 선생님의 수업을 좋아했다. 차 선생님은 이번 학기를 끝으로 IPC를 떠난다. 우리는 운이 좋은 학생들이다. 나는 아시아의 삶과 사상 수업을 두 번째 들었고, 아유미와 함께 위안부 문제를 둘러싼 한일 학생 토론에 참여했다. 이번에도 일본 학생들은 이렇게 말했다. 일본군이 한국 여성들을 위안부로 강제 동원한 것인지 확신할 수 없고, 지나간 일에 대해서 꼭 사과를 해야 하는 것인지 모르겠다고. 봄 학기에 일본 친구들을 겪어 본 나는 여유가 생겨서 쉽게 흥분하지 않았다. 그런데 이번 학기에는 몇몇 유럽 학생들이 먼저 이렇게 말했다.

"구글에 위안부라고 검색하면 수천 개의 기사가 뜨는데 너희는 어떻게 모를 수가 있어. 일본 정부가 사과하지 않는다면 어떻게 제대로 된 역사 교육이 가능하겠어."

내가 하고 싶은 이야기를 대신 해 주는 유럽 친구들이 고마우면서도, 한편으로는 생전 처음 이 문제를 본격적으로 마주하고 어쩔 줄을 몰라하는 일본 친구들에게 계속 마음이 쓰였다. 정희진의 『페미니즘의 도전』 머리말에는 이런 구절이 있다.

나는 안다는 것은 상처받는 일이어야 한다고 생각한다. 안다는 것, 더구나 결정적으로 중요하기 때문에 의도적으로 삭제된 역사를 알게 된다는 것은, 무지로 인해 보호받아 온 자신의 삶에 대한 부끄러움, 사회에 대한 분노, 소통의 절망 때문에 상처받을 수밖에 없는 일이다.

이곳에서 함께 의지하며 살았고, 우리 각자의 나라로 돌아가더라도 피할 수 없는 동북아시아 운명 공동체로 살게 될 일본 친구들이 받은 상처는 나에게 남의 것일 수 없었다.

차 선생님의 수업이 끝나고 며칠 후 아유미는 내게 한국과 일본 친구들이 두 나라의 관계와 역사에 대해 진지하게 이야기 나누는 시간을 꼭 갖고 싶다고 제안했다. 사람들이 피하고 싶어 하는 문제를 두고 대화하는 일이 두 나라가 관계를 회복하는 시작일 거라고. 후쿠시마에서 온 아유미의 제안을 들으며 나는 봄 학기에 같은 자리를 고안했던 쿠리에가 오키나와 출신이었다는 것이 떠올랐다. 두 지역은 일본 사회의 주류가 아닌 입장에서 세상을 보는 눈을 갖게 하기에 충분한 곳이다. 바로 그들이 한국과 일본 사이 깊은 심연을 들여다보는 일을 하고자 했다.

학기가 끝나는 날이 얼마 남지 않은 일요일 밤. 열다섯 명쯤 되는 학생들이 손에 맥주와 과자를 들고 7번 교실로 모였다. 7번 교실은 가장 작은 강의실인데, 둥글게 둘러앉으니 교실 전체가 꽉 찼다. 아유미가 이 자리를 만든 취지를 이야기했고, 우리는 한국 측의 입장에서 만들어진 위안부에 관한 영상 하나를 보았다. 영상을 다 본 후 일본에서 디자이너로 일하다 온 친구 한 명이 공식적인 사과를 거부하는 아베 정부에 대한 깊은 실망감을 드러냈다. 정부가 잘한다고 생각하지는 않았지만 저 정도인 줄은 몰랐다는 것이다. 나는 그의 목소리와 표정에서 깊은 좌절을 읽었고 그것이 냉소로 연결되지 않기를 바랐다. 다른 일본 친구는 떨리는 목소리로 말했다. 학교에서 배운 적이 없어서 잘 몰랐고, 솔직히 지금도 뭐가 뭔지 잘 모르겠다고. 우리의 대화는 긴장의 파도를 타고 넘실댔다. 누군가는 속상해하고, 누군가는 오해하고, 누군가는 눈물을 흘리기도 했다. 그렇지만 결국 알게 된 것은 우리는 싸우고 싶지 않다는 사실이다. 한국 사람과 일본 사람인 우리는 서로 미워하고 싶지 않다. 우리의 할아버지 할머니들도 전쟁을 원하지 않았을 것이다. 그렇다면 전쟁을 원했던 것은 누구인가. 우리가 서로를 미워하기를 바라는 것은 누구인가.

우리가 다니고 있는 학교는 인터내셔널 '피플스' 칼리지이다. 정부가 아니라 '평민'인 우리는 서로 싸우기를 원하지 않는다. 우리는 정부를 움직일 수 있다. 전쟁 대신 평화를 원하는 정부로 바꾸어 낼 수 있는 힘은 우리에게 있다. 이야기가 여기에 이르자 한 일본 청년의 눈빛이 반짝하고 빛났다. 내 머릿속에는 계몽이라는 단어가 별똥별처럼 스치고 지나갔다. 호이스콜레 연합회를 방문했을 때 니엘슨 씨에게서 들은 바로 그 단어다. 계몽으로 번역되는 영어 단어 enlightenment는 빛을 비추어 어둠을 걷어 낸다는 말이다. 나는 이 순간에 피터 매니케가 우리와 함께하고 있다고 생각했다.

뒤풀이 시간에 나는 아유미에게 IPC에서 겪었던 일 중 가장 기억에 남는 게 무엇이냐고 물어보았다. 어느 날 아유미는 룸메이트인 벨기에 친구 빅토리아가 아침 일찍 깨워서 일어났다. 빅토리아는 아유미를 데리고 복도 구석으로 가더니, 누군가가 지난 밤에 술을 마시고 토해 놓은 흔적을 치우는 걸 도와달라고 했다. 아유미는 자기가 한 것도 아닌데 치운다는 게 이해가 되지 않았다. 그러자 빅토리아는 이렇게 말했다.

"사람은 누구나 실수를 하니까. 이제 하나둘씩 일어나면 이걸 보게 될 텐데, 그 전에 치우고 싶어."

학기말 평가 회의

"선생님들이 교무실에서 학기말 평가회의를 하고 있어요. 떠나기 전에 꼭 들러서 마지막 인사를 나눠 주세요."

　나는 학생들 모두가 보는 게시판에 이렇게 글을 남겼다. 봄 학기의 학생조교들이 그렇게 하는 것을 보았기 때문이다. 학생들 각자가 떠나는 시간을 표시할 커다란 종이도 커먼룸에 붙였다. 이제 이별의 주간이다. 개별 인터뷰 평가와 마지막 저녁 식사 파티, 화요일 대청소를 끝으로 가을 학기 모든 공식 일정이 마무리되었다. 각자의 비행 시간에 따라 새벽부터 학생들은 학교를 떠나기 시작했다. 한 무리의 학생들이 떠날 때마다 커먼룸은 울음바다가 된다.

　교무실에서는 평가 회의 안건을 하나씩 이야기하다가 떠나는 학생들이 문을 두드리고 들어오면 열 명이 넘는 교사들이 모두 자리에서 일어나 하나하나 안아 준다. 그렇게 회의는 하루 종일 계속되었다. 나의 눈물이 터져 나온 순간은 봄 학기와 가을 학기 내내 옆방에 살았던 베트남 친구가 조용히 고개를 숙이고 슬픔에 잠긴 모습으로 들어왔을 때였다. 이제 우리가 각자의 나라로 돌아가야 한다는 것이 비로소 실감이 났다.

　사흘에 걸쳐 진행되는 학기말 평가 회의는 먼저 학기

전반에 대한 간단하고 직관적인 평가로 시작한다. '어떤 학기였는가. 점수를 준다면 10점 만점에 몇 점인가.' 교사들은 각자 생각을 편안하게 나눈다. 그다음은 자신 및 자신과 연결된 관계에 대해서 스스로 내리는 평가다. 그리고 담임을 맡은 학생들과 했던 마지막 인터뷰 중 동료 교사들과 함께 나누고 싶은 내용을 이야기한다. 마지막으로는 학생들이 작성한 평가지를 보고 구체적인 이야기를 나눈다. 온라인상으로 꼼꼼히 작성하면 30분에서 한 시간 정도 걸리는 긴 설문지다. 학교 전체, 교사, 학생조교, 수업과 시설에 대한 만족도를 나타내는 점수와 서술형 평가가 바로 교사회의에 전달된다.

나는 학교에 최고의 점수를 주었다. 내가 다녀 본 학교 중에서 제일 좋았기 때문이다. 아무리 좋은 학교가 있어도 나를 받아 주지 않는다면 무슨 의미가 있겠는가. 나는 가을 내내 공들여 준비했던 영국 슈마허 칼리지 입학 시험에서 떨어졌다. IPC는 나를 품어 준 큰 학교다. 이 학교의 선생님들이 학기말 회의 중에 나눈 문장 하나를 노트에 기록했다.

"내가 이곳에 계속 있을 수 있는 것은 동료들이 있기 때문이다. 우리는 서로가 서로를 책임지고, 서로에게 영감을 주는 존재가 되어야 한다."

송년 파티

아마도 술에 취한 그는 테이블에 앉아 있는 나를 송년 파티 중인 카페의 스테이지로 끌어냈다. 많이 해 본 듯한 익숙한 동작으로 내 손과 허리를 잡고 일종의 라틴 댄스를 추기 시작했다. 이 모든 것은 순식간에 일어났다. 우리는 수업 시간 외에는 서로 편하게 대화를 나누는 사이가 아니다. 그는 내게 어려운 사람이었고, 나를 마냥 편하게 대하지도 않았다.

스테이지에서 그는 빠른 동작으로 손을 잡으며 내가 턴을 하도록 이끌었는데, 심각한 몸치인 나는 그가 인도하는 대로 턴을 할 수 없어서 팔과 다리가 꼬이는 코믹한 상황을 연출했다. 보고 있던 사람들이 큰 웃음을 터뜨렸다. 그러나 그는 진지하게 절도 있는 리듬감으로 몸을 움직이며 같은 동작을 몇 번 되풀이해 주었다. 나는 끝까지 그 동작을 완성해 내지는 못했지만 형식을 갖춘 하나의 춤을 끝낼 수 있었다. 그는 자신감이 있었고, 자신 없는 나를 이끌 힘이 있었다.

한 해를 마무리하는 전체 직원 송년 파티에서 그는 술 마시고 춤추고 긴 연설도 했다.

"처음 IPC에 교사로 왔을 때 나는 이런 학교가 정말 가능할까 싶었다. 나는 고등학교를 졸업하고 호이스콜레에 갔고, 아버지도, 할아버지도 호이스콜레에 다녔기에 덴마크에서 덴마크어로 진행하는 호이스콜레를 아주 잘 알고 있다. 그런데 IPC에서는 덴마크어로 된 그룬트비의 노래를 부를 수 없고 수업도 영어로 해야 하는데, 그래도 이 학교가 여전히 호이스콜레일 수 있을까. 누구나 그렇듯 나 역시 이곳에서 몇 번의 기복을 겪었고, 이제 정말 떠나야 할 때가 아닌가를 생각한 적도 있다. 그러나 나는 아직 여기에 있다. 모든 것이 영어로 진행되는 이곳에 덴마크 호이스콜레의 전통이 살아 있다고 느낀다."

나는 'IPC를 덴마크 호이스콜레이게 하는 것은 무엇인가. 당신은 엘리트이고 원한다면 가장 똑똑한 학생들이 있는 대학에서도 가르칠 수 있다. 영어도 제대로 못하는 학생들이 있는 이 학교에서, 아침이면 일어나지 못해 수업에 못 오는 애들을 어찌할까 고민하며 사는 이유가 무엇인가.'라고 물어보고 싶었지만, 술에 잔뜩 취해서 신나게 춤추고 있는 그에게 그런 고리타분한 질문을 할 수가 없었다. 어쩌면 나는 그 대답을 이미 알고 있다. 이곳에서 보낸 지난 일 년이 모두 말해 주었으니까.

그가 강의에서 말했듯 우리는 이곳에 오지 않았으면 평생 만날 수 없는 종류의 사람을 만나게 되는데, 내게는 그가 바로 그런 사람이었다. 학기 초 자기소개 시간에 그는 모든 덴마크 사람이 백인은 아니라고 말했다. 처음 봤을 무렵에 그는 한국 중년 남자처럼 보이기도 했다. 이 이야기를 덴마크 친구에게 했더니, 친구는 "진짜? 내가 보기에 그는 전형적인 덴마크 사람이야."라고 하는 것이었다. 한 해가 지난 지금 그에게서는 한국적인 무언가가 전혀 느껴지지 않는다. 내가 덴마크인들의 특징을 더 잘 알게 되어서일 것이다. 이제 그는 내게 전형적인 덴마크 사람이다.

마지막 밤은
쿠르드 친구들과 함께

거트루드 선생님과의 이별

학생들이 모두 떠나고 교사회의와 연말 직원 파티까지 끝나 학교는 이제 텅텅 비어 있다. 함께 학생조교로 일했던 카트리나와 나만 남아서 중고 가게에 남겨진 산더미 같은 물건을 정리하느라 며칠을 보냈다.

오전에 짐을 싸고 있는데 거트루드 선생님이 내 방에 들렀다. 선생님은 요즈음 건강이 안 좋아져서 학생들과의 마지막 저녁 식사도, 교사회의도, 연말 파티에도 나오지 못했다. 나는 선생님이 전에 부탁했던 텃밭 일굴 때 사진과 내가 만든 퍼머컬처 발표 자료들을 외장 하드에 담아 드렸다.

선생님은 내년 봄에 텃밭 수업을 다시 시작하면 학생들에게 보여 줄 거라고 했다.

슈마허 칼리지에 낙방해서 상심한 나에게 선생님은 말했다.

"한국으로 돌아가도 배울 기회가 있을 거야. 현장 경험이 많은 전 세계 사람들이 지원하는 학교에 들어가는 건 쉬운 일이 아니었을 거야."

쿠르드식 오찬

점심 때 카트리나와 나는 쿠르드 친구들 집에 초대를 받았다. 가을 학기 동안 학교 기숙사에 살며 함께 IPC에 다녔던 굴나즈와 아부드 부부에게 집이 생긴 것이다. 헬싱외르 시청의 지원으로 일자리도 생겼다. 친구들의 집은 시내 중심가 근처로, 넓은 창밖으로 공원이 내려다보이는 아늑하고 깔끔한 공간이었다. 갓 이사 와서 물건이 많지 않아 더욱 확 트인 느낌을 주었다.

굴나즈와 아부드가 창가 테이블에 한상 흐드러지게 차려 낸 점심상에 우리는 눈이 휘둥그레졌다. 수프와 채소 절임, 석류알을 가득 넣은 중동식 샐러드, 채소와 고기를 포도 잎사귀에 돌돌 말아 싼 요리, 튀김과 난, 장미 모양으로 깎은 당근 장식을 올린 볶음밥까지 이렇게 거한 대접을 받아도 되나, 이걸 과연 다 먹을 수나 있을까 싶었다.

우리는 먹고 또 먹었다. 식사가 끝나니 배가 터질 지경이었지만 디저트로 독특한 풍미의 아랍식 커피와 과일이 나왔다. 친구들은 우리에게 먹고 놀기 말고는 아무것도 못 하게 했다. 우리가 상을 치우고 설거지를 돕겠다고 아우성쳤지만, 손님은 일을 하는 게 아니라고 도리어 큰소리쳤다. 너무나도 아시아인 같은 모습이 덴마크 사람들과 확연히 다르다. 덴마크 친구의 집에 초대받았을 때는 설거지를 하겠다고 하자 바로 그러라고 했다. 덴마크 사람들 키 높이에 맞추어서 설치된 그 집 싱크대는 내 평생 본 싱크대 중에 가장 높았다.

저녁에 헬싱외르 근처 스네카스텐에 집을 구한 다른 쿠르드 친구네 집에서 다시 만나기로 하고, 카트리나와 나는 시내를 향해 길을 나섰다. 떠나기 전에 인사를 나눌 사람이 또 있다.

캐트린 선생님의 나무

시내 중심부에서 스텐가드 거리의 익숙한 건물 입구를 따라 안으로 들어가자 미술 선생님 캐트린의 작업실이 나온다.

"아아, 이곳이 당신의 작업실인 줄 몰랐어요!"

나는 감탄해서 외쳤다. 캐트린의 작업실에는 흙을 빚어서 만든 아기자기한 장식품들이 가득하다. 바닷가에 사는 덴마크인답게 조그마한 인어공주 모양의 벽걸이도 있고, 북유럽 신화에 나오는 장난꾸러기 요정 트롤을 닮은 화분도 있다. 흙을 나뭇가지와 뿌리 모양으로 구워 캔버스에 나무 형상으로 붙여 만든 작품이 시선을 붙든다. 푸른색으로 칠해진 캔버스 위에 붙은 고동색 나무둥치는 부드러운 사람 근육 같기도 하고, 위를 향해 뻗은 잔가지들은 활짝 펴진 손가락 같기도 하다. 그 사이사이로 하얀 별을 닮은 꽃들이 흩어져 있다.

"이게 나의 나무야."

캐트린이 마침내 자신의 나무 작품을 소개했다.

"너 자신만의 나무 그림을 집중해서 그리고 있던 네게 내 작품이 영향을 줄지도 모른다고 생각했어. 그래서 이제야 보여 주는 거야."

캐트린은 젊은 시절 오래 여행했던 사람이다. 독일인과 중국인 부모 사이에서 태어난 그는 열여덟 살이 되었을 때 뿌리를 찾고 싶어 편도 티켓을 들고 중국으로 갔다. 그렇지만 정말로 삶이 바뀌는 경험을 한 곳은 티베트였다. 집집마다 탁발을 다니는 순례자들과 함께 걸으며 인간은 서로 깊이 의지하며 연결되어 있음을 알았다. 유럽에서 곱게 자란 어린 여자아이가 혼자서 낯선 나라를 여행하기란 어려울 것이라고들 했지만, 캐트린은 인도와 파키스탄까지 혼자 여행했다. 여행이 끝나고 보니 12년이 지나 있었다고 한다. 오랜 여행을 통해 캐트린은 세상 모든 사람들에게는 자신만의 이야기가 있고, 자신 몫의 고통이 있다는 것을 알게 되었다.

언젠가 미술실에서 나무를 그리다가 온갖 공을 들였지만 어떻게 그려야 할지 모르겠다 싶은 순간이 왔다. 그때 나는 길을 잃은 것 같다고 캐트린에게 말했다. 그러자 캐트린은 나에게 질문했다.

"길을 잃는 것을 싫어하니?"

그 질문의 울림은 오랫동안 나의 가슴에 남아 있다.

카트리나와 나는 흙을 구워서 만든 한 손에 쏙 들어가는 크기의 검정 인어공주를 작별 선물로 받았다. 나무 그림 앞에서 함께 기념사진을 찍을 때 캐트린의 눈빛이 슬픔으로 떨렸다. 세상 모든 곳에서 수많은 작별을 겪었음에도 바래지 않는 감정이었다.

마지막 밤은 쿠르드 친구들과 함께

크리스마스 장식이 반짝거리는 헬싱외르 시가지를 떠나 스네카스텐에 있는 친구네 집으로 향했다. 몇 번의 통화 끝에 복잡하고 어려운 설명을 겨우 알아듣고 버스를 탔다. 사방이 깜깜해진 시간에 한참을 헤멘 후에야 마중 나온 아부드를 만날 수 있었다.

친구네 집에 도착하자마자 다시 파티가 시작된다. 이번에도 우리는 꼼짝 앉고 대접을 받아야 한다. 음식과 커피, 물담배와 함께 쿠르드 노래를 듣는다. 난생처음 들어 보는 쿠르드 음악이 멋져서 우리는 이렇게 좋은 음악을 왜 이제야 알려 주느냐고 항의한다. 컴퓨터로 음악을 틀어 주던 아부드는 이제 영상을 검색해서 띄운다. 시리아에 살 때 기자였던 그가 텔레비전 방송에서 보도하는 장면이다. 영어나 덴마크어가 아닌 자기네 나라 말로 능숙하게 소식을 전달하는 모습에서 전문가의 아우라가 느껴진다. 학교에서 몇 달을 함께 살았지만 접할 수 없었던 면이다. 아부드는 지금 시리아의 상황을 보여 주는 영상을 틀 테니 우리더러 울지 말라고 당부한다. 울지 말라고 한 번 더 다짐받고는 도시에 폭격이 떨어지고 재를 뒤집어 쓴 채 울고 있는 피투성이 아이가 나오는 장면을 재생한다. 세 명의 쿠르드족 친구들은 화

너는 내가 가장 좋아하는 객지

면을 무덤덤하게 바라본다. 몇 년간 변함없이 계속된 일이라 이제는 눈물이 나지 않는다고 한다.

나와 카트리나는 이루 말할 수 없이 강렬한 감정 속에서 출렁대고 있다. 헬싱외르에서의 마지막 날이다. 곧 아부드는 신나는 음악을 튼다. 우리는 뮤직비디오를 보며 가수가 춤추는 동작을 따라 하다가 급기야는 일어나 한바탕 춤판을 벌인다. 친구네 집에는 반짝이며 돌아가는 알록달록한 미니 조명이 있어 파티장 분위기가 한껏 무르익는다. 나는 결심한다. 한국에 돌아가도 이렇게 살리라. 내 삶에 예상치 못한 융단 폭격이 떨어져도 이렇게 춤추며 살리라.

후기

2016년 12월 나는 덴마크를 떠나 당당한 걸음으로 한국에 돌아왔다. 한국에서의 삶은 쉽지 않았다. 그런데 이게 진짜 내 삶이었다.

돌아와서 한동안은 계속 덴마크에 있는 꿈을 꿨다. 꿈 속에서 나는 커먼룸에 있고, IPC에서 만났던 사람들과 무언가를 하려는데 잘 되지 않았다. 현실 속에서 나는 다시 유럽으로 공부하러 갈 준비를 했다. 학교를 정하고 등록을 마쳤을 무렵 오른쪽 목 아랫부분에 혹 같은 것이 잡혔다. 별거 아니라고 생각하고 검사를 미뤘는데, 자꾸 커져서 출국 한 달 전에 병원에 갔다. 결과는 결핵성 임파선염이었다. 1년간 약을 먹으면서 치료해야 한다는 의사에게 처음 물어본 것은 출국과 유학 생활이 가능한가였다. 의사는 불가능하지는 않지만 약이 세서 몸이 힘들 거라면서 "나이도 많으신 분이……."라 말끝을 흐렸다. 당시 나는 마흔 살이었다. 그토록 두려워하던 불혹, 마흔이라는 나이.

약을 먹기 시작한 첫날부터 몸에서 힘이 급격하게 빠졌고 며칠이 지나자 여러 가지 부작용이 나타나기 시작했다. 나는 고향 부모님 집에 살면서 요양을 하게 되었다. 하루에 한두 시간쯤 집중해서 책을 읽거나 글을 쓸 수 있었고, 또 한두 시간쯤 텃밭에서 느리게 움직이며 일할 수 있었다. 나머지 시간에는 약 기운에 취해 잠을 자거나 힘없이 늘어져 있었다. 평소 같으면 한 시간 이상 거뜬하게 해내던 운전도 10분 이상 할 수가 없었다. 하지만 겉으로는 사지 멀쩡해 보였기에 동네 사람들은 의아하게 여겼다. 마흔이 넘은 여자가 직업 없이 결혼도 하지 않은 채 부모님과 살면서 텃밭 풀을 뽑고 있었으니. 어느 날 내가 일을 하던 텃밭으로 한 어르신이 뛰어들어 오셨다.

"아이고, 혜선아. 너 내 며느리 하자. 우리 아들도 장가를 못 갔고 너도 시집을 못 갔으니, 내가 속상해 죽겠다."

이것은 시작에 불과했다. 읍내의 친환경 매장, 문구점, 부동산 사무소 등 다양한 곳에서 결혼 여부를 물어 왔다. 내가 결혼하지 않았다는 사실을 알고서는 주변에 있는 미혼 남성을 소개해 주려 했다. 한국의 농촌 사회에서 마흔이 넘었는데도 결혼하지 않은 여성을 그냥 두고 본다는 것은 인정상 있을 수 없는 일이기 때문이다. 마치 한국 사회는 내가 지난 1년 동안 덴마크에서 '왜 결혼 안했어요?'라는 말을 듣지 않는 사치를 누린 것에 대대적으로 복수라도 하는 듯했다. 하루는 공부 모임에 갔다가 결혼을 해야만 하는 이유에 대한 긴 설명을 들었다. 그들에게 결혼은 유전자에 새겨진 무언가 같았다. 힘없이 모임 장소를 빠져나오는데 누군가 따라 나와 이렇게 말해 주었다.

"많이 힘들었죠? 힘내세요. 혜선 씨도 노력하면 결혼할 수 있어요. 파이팅!"

그 후로 나는 고향 사람들을 만나는 일을 피하게 되었다. 덴마크에서 어렵게 구축한 나의 세계는 처참하게 무너져 내렸다. 내가 어떤 사람이었는데. 내가 얼마나 많은 중요한 발표를, 그것도 영어로 훌륭하게 해냈으며 덴마크 선생님들, 전 세계에서 온 친구들과 커다란 영감과 사랑을 주고받았는데. 고작 결혼을 하지 않았다는 이유로 고향에서 이런 대접을 받아야 하다니. 하루빨리 시간이 흘러서 몸이 나으면 다시 유럽으로 가고 싶은 마음밖에 없었다. 그 무렵 약 부작용 때문에 한의원에 갔는데, 의사 선생님이 약재가 담긴 조그마한 병을 쥐어 주며 당부했다.

"꼭 잡아. 몸을 만드는 일이든, 공부를 하는 일이든 꼭 붙들어야 해. 지금 자포자기하고 놓아 버린 것 같아. 계속 이 상태로 있다가는 몸이 무너져 내리고 말아."

그 말에 정신을 차리고 집에 와서 거울을 보았다. 한동안 거울을 제대로 들여다보지 않았음을 깨달았다. 내 얼굴이 낯설었다. 내 상황을 받아들이고 싶지 않았다는 것을 알았다.

건강 관리를 열심히 하기 시작했다. 몸살림 운동, 냉온욕, 쑥뜸은 기본이었고, 양방 치료가 끝난 후에는 몸속에 쌓인 독소를 배출하기 위해 생채식, 단식, 커피 관장까지 마다하지 않았다. 버스를 타고 서울로 심리 상담도 받으러 다녔다. 그러면서 덴마크에서 있었던 꿈같은 일들을 하나의 글로 모으는 작업을 조금씩 했다. 처음 덴마크에 도착한 날부터 헬싱외르에서의 마지막 날까지, 휴대폰에 찍어 놓았던 사진과 SNS에 올린 글들, 일기장, 수업을 기록한 공책을 들여다보며 세상 사람들에게, 무엇보다 나에게 들려주고 싶은 이야기를 모았다. 그것은 나의 존엄을 지키며 고향에서의 일상을 버텨 내기 위해 잡은 동아줄이었다. 2년 가까이 원고를 정리하는 동안 IPC를 다시 다니는 듯했다. 학교 캠퍼스와 헬싱외르 시가지, 크론보르 성과 외레순 해협이 내다보이던 도서관이 몹시도 그리웠다.

2019년 작은학교에서 다시 수업을 시작했다. 3년 전처럼 전일 노동을 감당할 수 있는 상황이 아니었기에 프리랜서 강사로 일하게 되었다. 그저 일을 다시 시작할 수 있음에 감사했다. 내가 다시 세상에 쓰일 수 있어서 기뻤다. 거트루드 선생님과 차 선생님의 수업을 참고해 세계시민 수업이라는 과목을 만들었다. 세계 각지에서 일어나고 있는 분쟁과 난민 문제, 민주화 운동 등 여러 가지 이슈를 다루면서 그 중심에 기후위기와 세계 시민사회의 대응을 놓았다.

첫 학기 봄에는 작은학교로 올라가는 숲길을 걸으며 IPC 캠퍼스로 들어가는 헬싱외르의 골목길이 자꾸만 떠올랐다. 광대한 유라시아 대륙을 사이에 두고 멀리 떨어져 있는 두 길이 공중으로 높이 솟아올라 하나의 길이 되는 상상을 했다. 교실에 있을 때면 거트루드, 클라우스, 차 선생님 목소리가 들려오는 것만 같았다. 학교에서 예전에 겪었던 일도 자꾸만 떠올랐다. 기억과 감정은 교실과 강당, 운동장 구석구석, 기숙사방 창문 틈에도 불쑥 앉아 있다 말을 걸었다. 여전히 상처라 부를 수 있는 것들이었다. 하지만 어느 순간부터 우리가 노력했던 것들만 보였다. 나도, 학교도, 동료 교사들도, 학생들도 함께 살아내기 위해 온 힘을 짜냈다는 사실만이 또렷하게 보였다.

2019년은 특별한 해였다. 작은학교에서 하는 기후위기 수업이 외부에 알려지면서 전국 곳곳을 다니며 기후위기를 알리는 강의를 했다. 작은학교 학생들에게 보여 주려고 그레타 툰베리의 연설문을 번역한 일을 계기로 『그레타 툰베리와 함께』에 공동 저자로 참여하게 되었다. 난생처음 번역

문과 나의 글이 출판된 것이다. IPC에서 유럽의 십 대 기후 활동가들을 만나고 기후위기를 공부했기에 할 수 있었던 일이다.

이해 가을에는 잠깐 IPC를 방문할 수 있었다. 영국의 전환마을 연수차 2주간의 일정으로 다녀오는 길에 코펜하겐을 경유하면서였다. 학교에 도착하자마자 내가 그렸던 보리수나무부터 찾았다. 눈부시게 노란 빛으로 물든 나무와 감격적으로 재회했다. 곧이어 찾아간 미술실에는 시간이 흐르지 않은 듯 미술 선생님 캐트린이 학생들과 대화를 나누고 있었다. 떨리는 마음으로 살며시 문을 열고 들어간 나를 보자마자 캐트린 선생님은 '트리 우먼'이 왔다고 환하게 웃으며 반겨 주었다.

"있잖아요, 캐트린. 이곳을 떠난 이후로 나무를 한 그루도 그리지 못했어요. 매일 나무를 볼 때마다 그리고 싶다고 생각하는데, 진짜로 하나도 그리지 못했어요."

울먹이는 나에게 캐트린은 웃으며 말했다.

"그래. 여기를 떠나면 종종 일어나는 일이야."

"그래도 한국에 돌아갔을 때 나무들이 다시 보였어요. 나무등치와 가지와 잎이 무언가 말을 하고 있고, 나는 그들이 하는 말을 알아듣게 된 것만 같아요."

캐트린은 아마 내가 나무를 이해하려고 나무 그림을 그

렸는지도 모른다고 했다.

거트루드 선생님을 다시 만났을 때는 깜짝 놀란 얼굴로 환하게 웃는 선생님의 표정을 보고, 내가 선생님을 좋아했던 만큼 선생님에게도 내가 특별한 학생이었음을 알았다. 빨간 커먼룸 소파에 선생님과 마주 앉았다. 그동안 어떻게 살았느냐는 선생님의 질문에 한동안 아팠고 그러면서 인생을 배웠노라고 했다. 선생님은 미소를 잃지 않은 채 말했다.

"우리는 그렇게 삶을 배워 나가지."

선생님은 학교 텃밭이 확장되었으며 식당 앞에도 화단을 만들어 식용 작물을 심고 있다고 알려 주었다. 나는 학교 텃밭을 뛰어다니고, 교정 안쪽 숲속에 들어가 신령한 기운을 내뿜는 포플러 나무 둥치에 손을 얹었다. 내내 그리웠던 헬싱외르 도서관 통유리벽 앞에도 가서 앉아 보았다. 여전히 바다 건너 스웨덴행 페리가 오가고 있었고, 코펜하겐에서 출발한 기차가 헬싱외르 역으로 들어오는 모습이 보였다. 그것으로 충분했다. 그날 이후로 지금까지 나는 덴마크가 그립지 않다.

빠르게 변하는 한국 사회에서 행복을 찾아 덴마크로 떠나는 일은 옛 시절의 유행이 되어 가고 있었다. 내가 IPC에서 겪은 일들에 사람들이 관심을 가질까? 작은학교에서 난민을 다룬 수업 시간에 그동안 쓴 쿠르드족 친구들 이야기를 학생들과 돌아가며 한 단락씩 낭독했다. 학생들은 이 글이 자꾸 기억날 것 같다고 했다. 그때 이 원고를 꼭 세상에 내놓겠다고 다짐했다. IPC에서 선생님들이 있어서 참 좋았다면, 다시 돌아간 작은학교에서는 학생들이 있어서 참 좋았다.

책의 출간을 몇 달 앞두고 원고에 등장하는 사람들에게 허락을 구하는 메일을 쓰기 시작했다. 먼저 그동안 어떻게 지냈는지 물었고, 너와 나의 이야기를 썼는데, 원고를 완성하고 출판사를 찾는 데 5년이 걸려서 지금에야 연락하게 되었다고 구구절절 설명했다. 그리고 친구들 이야기가 나오는 부분을 요약해 보냈다. 이름이 실명으로 나가도 될지 아니면 가명을 사용할지 물으면서 나는 너의 이야기를 꼭 한국 사람들에게 들려주고 싶다고 썼다. 다행히도 대부분 내가 그들의 이야기를 기억하고 있음에 무척 기뻐하며 책에 써도 된다고 허락해 주었다. 그중 아드리안은 트랜스젠더에 관한 대목을 친절하게 바로잡아 주기도 했다. 그때 내가 모르는 것이 정말 많으며, 오직 끊임없이 묻고 들어야 배울 수 있다는 것을 알았다. 지난 5년 사이 100주년을 맞이한 학교는 중심 건물을 새로 증축했으며, 교사진에도 적지 않은 변화가 있었다. 5년 전 함께 공부했던 선생님들은 비록 지금은 IPC를 떠나 있어도 책 소식에 크게 기뻐하며 응원해 주었다. 이 책이 세상에 나올 수 있게 된 것은 기꺼이 마음을 열어 자신의 삶을 보여 준 선생님들과 친구들 덕분이다.

정성 들여 메일을 썼지만 답이 오지 않는 경우도 있었다. 그럴 때는 내가 괜히 잊고 싶은 기억을 건드린 건 아닐까 미안한 마음이 들었다. 나조차도 책에 쓰지 못한 내 이야기들이 있지 않은가. 그렇기에 책을 만드는 데 가장 중요한 이 과정이 가장 어려웠다. 끝까지 답을 얻지 못한 친구의 이야기는 싣지 않았다. 수업이나 견학 등 공적인 자리에서 나눈 대화나 함께 겪은 일은 실명을 쓰지 않고 재구성했다.

가장 마지막까지 쓴 메일은 일본 친구들에게 보내는 것이었다. 5년 전 IPC를 떠날 때 일본 친구들이 나에게 써 준 편지는 이루 말할 수 없이 아름다웠다. 나는 친구들의 눈물과 미소와 용기를 떠올리며 한 사람 한 사람을 오래 생각했다. 내가 그들을 정말 좋아한다는 것을 알게 되었고, 감사하는 마음이 깊은 곳에서 솟아올랐다. 나는 우리가 함께 겪은 일을 책에 쓰고 싶은 이유와 그들과의 만남이 내 인생에 어떤 의미였는지 썼다. 그렇지만 친구들이 어떻게 받아들일지 알 수 없어 두렵고도 힘겨웠다. 어느 날은 편지를 완성하지 못하고 어두워진 도서관을 나서는데 눈물이 났다. 도대체 왜 이렇게 끙끙 앓아야 하나? 그때 한 사람이 떠올랐다. 100년 전에 IPC를 세운 사람, 평화를 꿈꾸었던 피터 매니케. 그가 원망스러웠다. 천국에서 그를 만나 하소연하는 상상을 해 보았다. 그는 껄껄 웃으며 특유의 재치로 재미있는 농담을 들려줄 것만 같았다. 그러자 마음이 가벼워졌고 다시 용기가 났다.

참고 문헌

21쪽 송순재·고병헌·카를 K. 에기디우스 함께 엮음, 『덴마크 자유교육』(민들레, 2010).

23쪽 덴마크 호이스콜레 연합회 사이트(https://danishfolkhighschools.com).

34쪽 Max Lawson, *N. F. S. GRUNDTVIG: SELECTED EDUCATIONAL WRITINGS*(The International People's College and The Association of Folk High Schools in Denmark, 1991).

128쪽 조동옌(周東彦) 연출, 베리 메인스트림 스튜디오(Very Mainstream Studio) 제작 연극 「타이베이-코펜하겐: 두 도시의 대화(Taipei-Copenhagen, a dialogue between two cities)」는 2016년 5월 22일 헬싱외르 클릭 페스티벌에서 선공개되었고, 이후 "Chronicle of Light Year: Taipei-Copenhagen(光年紀事: 台北-哥本哈根)"이라는 제목으로 타이베이(2018)와 코펜하겐(2019)에서 공연되었다.

155~160쪽 Max Lawson, *A Celebration of 75 years of Working for Peace and International Friendship*(IPC, 1996).

181~182쪽 Jannik Hastrup, Flemming Quist Møller 연출, Fiasco Film 제작 애니메이션 「베니의 욕조(Bennys badekar)」(1971).

200쪽의 토르 이야기는 클라우스 선생님이 들려준 이야기와 안인희, 『안인희의 북유럽 신화 1』(웅진지식하우스, 2007)를 참고하여 재구성했다.

265쪽 라이너 마리아 릴케, 김우창 옮김, 『김우창 전집 10: 다원 시대의 진실』(민음사, 2016), 524쪽.

293쪽 정희진, 『페미니즘의 도전』(교양인, 2005), 17쪽.

나의
덴마크 선생님

1판 1쇄 펴냄 2022년 1월 28일
1판 3쇄 펴냄 2022년 7월 15일

지은이 정혜선
발행인 박근섭, 박상준
펴낸곳 ㈜민음사

출판등록 1966. 5. 19 (제16-490호)
서울특별시 강남구 도산대로1길 62(신사동) 강남출판문화센터 5층
대표전화 02-515-2000
팩시밀리 02-515-2007

ⓒ 정혜선, 2022. Printed in Seoul, Korea
ISBN 978-89-374-9230-3 03100

＊ 잘못 만들어진 책은 구입처에서 교환해 드립니다.